Les Malheurs De L'amour

Anonymous

LES
MALHEURS
DE
L'AMOUR.

SECONDE PARTIE.

—— *Infano nemo in amore fapit.* Propert.

A AMSTERDAM.

M. DCC. XLVII.

LES MALHEURS DE L'AMOUR.

SECONDE PARTIE.

HISTOIRE D'EUGÉNIE.

EUGÉNIE fut amenée à l'Abbaye du Paraclet à l'âge de six ans, sous le nom de Mademoiselle d'Effei ; une efpéce de Gouvernante qui la conduifoit , pria Madame de la Rochefoucault,

II. Partie.   A

Abbesse de cette Maison,
de se charger de l'éduca-
tion de cette jeune Enfant;
elle lui remit pour cela une
somme assez considérable :
elle ajouta qu'elle étoit fille
d'un Gentilhomme de Bres-
se, qui avoit peu de biens
& beaucoup d'enfans, &
qu'il falloit lui inspirer le
goût de la retraite, le seul parti qui convînt à sa fortune.

Mademoiselle Magne-
lais fille du Duc d'Hallwin,
& plus âgée de deux années
que Mademoiselle d'Essei,

étoit dans la même Maison : elles furent élevées enfemble, quoiqu'avec beaucoup de différence. Mademoifelle de Magnelais attendoit une fortune confidérable ; & la pauvre Mademoifelle d'Effei, au-contraire, n'avoit que le choix de cette demeure, ou de quelque autre de cette efpéce.

Leurs premieres années fe pafferent dans les occupations ordinaires à cet âge. Mademoifelle de Mag-

nelais contente d'une certaine supériorité, que son
rang & ses richesses lui donnoient sur sa Compagne,
paroissoit avoir de l'amitié
pour elle. La jalousie de la
beauté, si propre à met-
tre de l'éloignement entre
deux jeunes personnes, ne
troubloit point leur union.
Les traits de Mademoiselle
d'Essei, qui n'étoient point
encore formés, laissoient
douter si elle seroit belle
un jour.

Mademoiselle d'Essei sen-

fible & reconnoiffante répondoit par l'attachement
le plus véritable aux marques d'amitié qu'elle rece-
voit : elle fentit vivement
la peine de fe féparer de
fon Amie, lorfque Made-
moifelle de Magnelais fut
retirée du Couvent pour
retourner dans fa famille.

Deux années après leur
féparation, Madame la
Ducheffe d'Hallwin, &
Mademoifelle de Magne-
lais fa fille, qui revenoient
des Pays-Bas, s'arrêterent

quelques jours à une Terre
près du Paraclet. Le voisi-
nage rappella à Mademoi-
selle de Magnelais le souvenir de son Amie, elle
voulut la voir.

Sa beauté avoit acquis
alors toute sa perfection.
Mademoiselle de Magne-
lais en fut étonnée, & la
trouva trop belle pour l'aimer encore : il ne parut
cependant aucun change-
ment dans ses manieres :
elle lui rendit conte de
ce qui lui étoit arrivé de-

puis leur féparation, bien
moins par un fentiment de
confiance, que par le plaifir malin d'étaler aux yeux
de Mademoifelle d'Effei un
bonheur, qu'elle ne devoit
jamais goûter.

L'Article des Amans ne
fut pas oublié : c'étoit en
quelque façon un dédom-
magement pour la vanité de
Mademoifelle de Magne-
lais, qui la confoloit de la
beauté de Mademoifelle
d'Effei. Entre tous ceux
qu'elle lui nomma, le Che-

valier de Benauges fut celui dont elle parla avec le
plus d'éloge ; elle le lui
peignit comme l'homme du
monde le plus aimable , &
le plus amoureux : elle ne
diffimula point qu'elle a-
voit beaucoup d'inclination
pour lui ; mais ajouta-t-
elle , j'ai tort de vous parler de ces chofes-là ; l'état
où vous êtes deftinée , vous
les laiffera ignorer , & je
vous plains prefque d'être
belle.

Elles eurent encore plusieurs converfations de cette efpéce , & après quelques jours, Mademoifelle de Magnelais prit avec fa famille la route de Paris , & Mademoifelle d'Effei refta triftement dans fa retraite.

Deux années s'écoulerent encore & amenerent le tems , où elle devoit s'engager : fa répugnance augmentoit à mefure qu'elle voyoit ce moment de plus près. Enfin , honteufe de fe trouver fi foible , elle réfolut de faire un effort fur

elle-même. Elle en parla à
Madame l'Abbesse du Pa-
raclet , dont elle a tou-
jours été très-sincérement
aimée : la tendresse que
j'ai pour vous , répondit
Madame l'Abbesse , me fe-
roit trouver un plaisir bien
sensible de vous attacher à
moi pour toujours ; mais,ma
chere fille , cette même
tendresse m'engage à con-
sulter vos intérêts plûtôt
que les miens : vous n'êtes
point faite pour le Cloître ;
votre inclination y répu-
gne.

Je l'avoue , difoit en pleurant Mademoiſelle d'Eſ- ſéï ; mais Madame , j'ai de la raiſon , & je n'ai pas le choix des partis. Ces chaî- nes - ci font bien peſantes , répondit Madame du Para- clet , quand la raiſon ſeule eſt chargée de les porter. Attendez encore quelques années. Je voudrois , ſi vous avez à embraſſer la re- traite , que vous connuſ- ſiez un peu plus le mon- de : vous y verriez bien des choſes qui vous feroient

peut-être trouver votre condition moins fâcheuſe.

Madame de Polignac,
ſœur de Madame du Pa-
raclet, qui étoit veuve & qui
avoit paſſé le tems de ſon
deuil dans cette Maiſon, ſe
mêla à cette converſation :
les deux ſœurs aimoient
Mademoiſelle d'Eſſei com-
me leur propre fille, & ſans
le lui dire, elles eſpéroient
toujours que ſon extrême
beauté pourroit lui donner
un mari.

Une affaire aſſez conſidérable obligea Madame de Polignac d'aller à Paris, dans le tems que les fêtes du mariage du Roy y attiroient tout ce qu'il y avoit de plus confidérable en France. Elle n'eut pas beaucoup de peine à obtenir de fa fœur, qu'elle lui confiât Mademoiselle d'Effei, pour la mener avec elle.

Le Comte de Blanchefort, qui faifoit la même route, les rencontra au premier gîte : il fit demander à Madame de Polignac,

dont il étoit fort connu,
la permiſſion de la voir :
il paſſa la ſoirée avec elle :
il ſe plaignit dans la converſation, que ſon équipa-
ge s'étoit rompu en che-
min, & qu'il ſe trouvoit
très - embarraſſé : Madame
de Polignac lui offrit une
place ; ſon offre fut accep-
tée ; ils partirent tous trois
le lendemain.

Mademoiſelle d'Eſſei, qui
n'avoit jamais vû que ſon
Couvent, parloit peu, mais
elle diſoit ſi bien le peu

qu'elle difoit ; fa beauté ,
fimple, naïve, & fans art,
qu'elle fembloit même ne
pas connoître, la rendoit fi
touchante, que le Comte
de Blanchefort ne put fe
défendre de tant de char-
mes : il mit en ufage pendant la route, tout ce qu'il
crut capable de plaire ; mais
fes foins, fes empreffemens,
fes louanges, n'apprenoient
point à Mademoifelle d'Effei l'impreffion qu'elle avoit
faite fur lui : ce langage de
l'amour lui étoit inconnu,

& son cœur ne lui en don-
noit point de leçon ; en faveur du Comte.

Madame de Polignac,
attentive à tout ce qui pouvoit intéresser son amie,
s'en apperçut avec joie :
l'amour du Comte de Blan-
chefort lui parut un ache-
minement à la fortune ;
qu'elle avoit espérée pour
Mademoiselle d'Essei. A
leur arrivée à Paris, le Comte de Blanchefort leur demanda la permission de les
voir : il a la réputation d'un
très-

très-honnête homme, di-
soit Madame de Polignac
à Mademoiselle d'Essei :
vous lui avez inspiré tant
d'amour & tant de respect,
que puisqu'il cherche à vous
voir, il n'a que des vûes lé-
gitimes. Vous connoissez,
répliqua Mademoiselle d'Essei, ma répugnance pour le
Couvent ; mais je vous
avoue aussi, que j'aurois
beaucoup de peine à épou-
ser un homme qui feroit
tant pour moi : il me semble qu'il faut plus d'égalité

II, *Partie.* B

dans les mariages, pour qu'ils foient heureux, & je ne voudrois point devoir mon bonheur à une illu-fion, que je craindrois tou-jours, qui ne vînt à finir.

Madame de Polignac fe mocqua des délicateffes de Mademoifelle d'Effei, & la fit confentir à recevoir les foins du Comte de Blan-chefort : elle n'avoit aucun goût pour lui ; mais elle l'eftimoit ; & comme elle n'avoit pour perfonne des fentimens plus vifs, elle le traitoit de façon à lui donner du moins de l'espérance.

Ce fut alors que les fêtes pour le mariage du Roi commencerent. Mademoiselle d'Essei suivit Madame de Polignac au Carroufel de la Place Royale où elle alloit avec la Comteffe de Ligny : il y avoit des échafauts dreffés pour les Dames, qui avoient eu foin d'y paroître avec tous les ornemens propres à augmenter leur beauté : la feule Mademoifelle d'Essei, étoit vêtue

d'une maniére simple &
modeste : cette simplicité,
qui la distinguoit, fit encore mieux remarquer tou-
té sa beauté.

Le Marquis de la Valette,
fils aîné du Duc d'Epernon,
qui s'étoit arrêté par hazard
au-devant de l'échafaut où
elle étoit placée, fut étonn-
né de voir une si belle personne : il repassa encore
plusieurs fois, & la regar-
da toujours avec un nou-
veau plaisir.

Toutes les Dames prenoient parti pour les Combattans : Mademoiselle d'Essei qui n'avoit point remarqué l'attention que le Marquis de la Valette avoit eue de la regarder, charmée de sa bonne grace & de son adresse, se déclara pour lui ; & par un mouvement très-naturel en pareille occasion, elle le suivoit des yeux dans la carriére, & marquoit sa joie, toutes les fois qu'il avoit obtenu l'avantage.

Aussi-tôt que les courses

furent achevées, il vint sur
l'échafaut pour demander
à Madame la Comtesse de
Ligny sa tante, qui étoit
cette belle personne. Ve-
nez, lui dit Madame de Ligny, aussi-tôt qu'elle le vit,
& sans attendre qu'il lui
eût parlé, venez remercier
Mademoiselle d'Essei, des
vœux qu'elle a faits pour
vous.

Mademoiselle d'Essei em-
barrassée qu'un homme aussi
bien fait que Mr. de la Valette, eût des remercimens

à lui faire , fe preffa d'inter-
rompre Madame de Ligny:
vous allez, Madame, lui
dit-elle, faire croire à Mr.
le Marquis de la Valette
qu'il me doit beaucoup
plus qu'il ne me doit effectivement : vous ne voulez
pas, répliqua Mr. de la Valette, d'un ton plein de
refpect, que je puiffe vous
devoir de la reconnoiffan-
ce ; mais on vous en doit
malgré vous, dès le mo-
ment qu'on a eu l'honneur
de vous voir.

Cette galanterie augmenta l'embarras de Mademoiselle d'Essei. Madame de Polignac, qui vit sa peine, se mêla de la conversation : le Marquis de la Valette eut l'art de dire encore mille choses, qui faisoient sentir à Mademoiselle d'Essei l'impression qu'elle avoit faite sur lui.

Après leur avoir donné la main pour les remettre dans leur carosse, il courut chez Madame de Ligny, pour s'informer d'elle,

qui

qui étoit Mademoiselle
d'Essei ? Madame de Ligny
lui conta très - naturellement le peu qu'on sçavoit
de la naissance de Made-
moiselle d'Essei , & l'amour
que Monsieur de Blanche-
fort avoit pour elle : il me
semble , répliqua le Mar-
quis de la Valette , quand
Madame de Ligny eut
cessé de parler , que Blanchefort n'est encore que
souffert : je vois ce qui
vous passe dans la tête , lui
répondit-elle ; mais si vous

êtes fage , vous éviterez ,
au-contraire , de voir Mademoifelle d'Effei : il n'eft
plus tems , Madame , dit le
Marquis de la Valette ; je
l'ai trop vûe , pour ne pas
mettre tout en ufage pour
la voir toujours.

Dès le lendemain , fon
affiduité chez Madame de
Polignac fut égale à celle
de Monfieur de Blanche-
fort : ils fe reconnurent
bientôt pour Rivaux : leurs
caracteres étoient abfolu-
ment oppofés. Le Comte

de Blanchefort vouloit dans
toutes ses démarches met-
tre le Public dans ses intérêts , & il y avoit si bien
réussi , que personne ne
jouissoit d'une réputation
plus entiére. Le Marquis de
la Valette , au-contraire, ne
faisoit cas de la réputation ,
qu'autant qu'elle étoit ap-
puyée du témoignage qu'il
se rendoit à lui-même. Il
faisoit ce qu'il croyoit devoir faire , & laissoit juger
le Public : c'étoit l'homme
du monde le plus aimable ,

quand il le vouloit;mais il ne
vouloit plaire qu'à ceux qui
lui plaifoient.

Mademoifelle d'Effei a-
voit beaucoup d'inclina-
tion pour lui, & le traitoit
par-là plus froidement que
fon Rival , il en étoit dé-
fefpéré. Eft-il poffible , Mademoifelle , lui dit - il un
jour, que la fituation où je
fuis , qui m'afflige fi fenfiblement, de ne pouvoir
vous offrir une fortune ,
dont je ne puis encore difpofer,foit un bien pour moi!

Oui, Mademoiselle, je ferois défepéré, fi vous refufiez l'offre de ma main, & je vois que vous la refuferiez, fi j'étois en concurrence avec le Comte de Blanchefort.

Mademoiselle d'Effei n'étoit pas en garde contre les reproches du Marquis de la Valette : elle n'écouta dans ce moment que fon penchant pour lui. Non, lui dit-elle avec un fouris plein de charmes, vous ne croyez point qu'il fût préféré. C iij

La joie qu'elle vit dans les yeux du Marquis de la Valette, l'avertit de ce qu'elle venoit de dire ; elle en fut honteuse : il avoit trop d'efprit pour ne pas s'appercevoir de cette honte, & pour l'augmenter encore par des remercimens : il crut avoir beaucoup obtenu, & ne chercha point à prolonger une converfation dont il fentoit bien que Mademoifelle d'Effei étoit embarraffée.

Quel reproche ne fe fit-elle

point, quand elle fut seule!
Me voilà donc, disoit-elle,
ce que j'ai tant craint d'ê-
tre, me voilà Coquette : j'ai
deux Amans, & je fais si bien
qu'ils peuvent tous deux se
flater d'avoir des droits sur
mon cœur. Comment pour-
rai-je, après ce que je lui ai dit,
soutenir les regards du Marquis de la Valette en pré-
sence du Comte de Blan-
chefort? Et comment pour-
rai-je agir avec ce dernier
comme j'ai fait jusqu'ici,
puisque j'ai donné lieu à un

autre de croire que je le
préférois? Les femmes dont
la conduite eſt la plus blâmable , ont commencé
comme je fais : il faut m'arracher à cette indignité : il
faut renoncer à ces frivo-
les eſpérances d'établiſſe-
ment : il faut retourner
dans mon Couvent, il m'en
coutera moins de vivre
dans la ſolitude , que d'a-
voir des reproches légiti-
mes à me faire.

Mademoiſelle d'Eſſei é-
toit dans cette diſpoſition :

elle vouloit en parler à Madame de Polignac, quand elle vit entrer dans sa chambre Mademoiselle de Magnelais : elles s'embrasserent avec beaucoup de marques de tendresse. Mademoiselle de Magnelais étoit arrivée la veille, de la campagne, où elle étoit depuis plusieurs mois. Après les premieres caresses, elles se demanderent des nouvelles de ce qui leur étoit arrivé depuis leur séparation.

Mademoiselle d'Essei n'é-

toit pas affez vaine pour
faire un étalage de fes con-
quêtes , & d'ailleurs elle
étoit fi mécontente d'elle
dans ce moment , qu'elle
avoit encore moins d'en-
vie de parler : elle dit fim-
plement que Madame de
Polignac avoit fouhaité de
la garder quelque tems , &
qu'elle retourneroit dans
peu de jours au Paraclet.

Je vous prie du moins,
répondit Mademoifelle de
Magnelais , de ne partir
qu'après mon mariage , qui

se fera incessamment. Il
faut qu'en épousant mon
Amant, j'aie encore la satisfaction de vous voir par-
tager ma joie : c'est donc
le Chevalier de Benauges
que vous épousez , dit Mademoiselle d'Essei.

Il m'avoit trompée par un
faux nom , répondit Made-
moiselle de Magnelais; c'est
le Marquis de la Valette :
il ne sçait point encore
son bonheur : son pere & le
mien ont tout reglé, & nous
sommes revenus pour faire
le mariage.

Si Mademoiselle de Magnelais avoit fait attention au changement de visage de Mademoiselle d'Essei, elle auroit soupçonné qu'elle prenoit un intérêt particulier à ce qu'elle venoit d'apprendre. Quel coup pour Mademoiselle d'Essei ! Il ne pouvoit être plus sensible. Un homme à qui elle avoit eu la foiblesse de laisser voir son inclination, en aimoit une autre & n'avoit cherché qu'à la tromper.

Toutes les réflexions les plus affligeantes & les plus humiliantes se préfenterent à elle dans ce moment. Il fallut cependant faire un effort pour cacher fon trouble. Bien refolue de partir le lendemain , elle laiffa croire à Mademoifelle de Magnelais qu'elle refteroit jufqu'après fon mariage.

Cette converfation fi penible pour elle finit enfin : elle alla s'enfermer dans fa chambre pour fe remettre ,

avant que de fe montrer :
elle y étoit à peine, que Madame de Polignac y entra.
J'avois raifon, lui dit-elle, ma
fille, car elle ne lui donnoit
point d'autre nom, de bien
efpérer de votre fortune.
Le Comte de Blanchefort
vient de me déclarer qu'il
eft prêt de vous époufer,
& qu'il fe croira trop heureux, fi vous trouvez quelque plaifir à tenir de lui le
rang & le bien, dont vous
jouirez.

Vous ne me répondez

point, continua Madame de Polignac? Pouvez-vous être incertaine fur cette propo- fition? Je ne devrois point l'être, repliqua Mademoi- felle d'Eſſei ; j'avoue pour- tant que je le fuis. La dif- proportion infinie qui eſt entre le Comte de Blan- chefort & moi, me bleſſe. Plus je fens dans mon cœur tout ce qu'il faut pour être reconnoiſſante , & plus je crains la néceſſité de l'être. Cette reconnoiſſance ne vous coutera rien pour le plus honnête homme du monde qui vous adore , & que vous ne pouvez vous empêcher d'eftimer , repliqua Madame de Polignac ; mais , vous dirai-je ce que je penfe ? Peut-être héfiteriez - vous moins s'il étoit queftion du Marquis de la Valette.

Ah ! Madame , s'écria Mademoifelle d'Effei , ne me faites point cette injuftice : le Marquis de la Valette ne m'a jamais aimée , & je viens d'apprendre de Made-

Mademoiſelle de Magnelais elle-même, qu'il va l'épou-ſer. Eh bien, dit Madame de Polignac, puniſſez-le, en épouſant le Comte de Blanchefort, d'avoir vou-lu vous faire croire qu'il vous aimoit.

Cette idée de vengean-ce frappa Mademoiſelle d'Eſſei. On ne ſe dit jamais bien nettement qu'on n'eſt pas aimé. Malgré la per-ſuaſion où elle étoit de l'a-mour du Marquis de la Va-lette pour Mademoiſelle de

II. Partie. D

Magnelais, elle croyoit cependant qu'il ne verroit son
mariage avec le Comte de
Blanchefort qu'avec peine.
Un autre motif acheva de
la déterminer : le plaisir d'ê-
tre d'un rang égal à celui
de Mademoiselle de Mag-
nelais : la différence que
leur naissance avoit mise
entr'elles, ne l'avoit point
touchée jusques-là ; mais
elle en étoit humiliée, depuis qu'elle sçavoit l'amour
du Marquis de la Valette.
Le procedé de Monsieur

de Blanchefort, où il pa-
roiffoit tant de nobleffe,
lui faifoit encore mieux
fentir l'injufte préférence
qu'elle avoit donnée à fon
rival, & la difpofoit encore plus favorablement pour
lui.

Cependant, avant que
de prendre aucun engage-
ment, elle voulut lui re-
préfenter les raifons, qui
pouvoient s'oppofer à leur
mariage : vous fçavez, lui
dit-elle, le peu que je fuis :
fongez qu'un homme de

votre rang, doit, en quelque façon, compte au pu-
blic de ses démarches :
celle que vous voulez faire
en ma faveur, sera sûrement
désapprouvée. Je me flate,
que ma conduite vous jus-
tifiera autant que vous pouvez l'être, mais c'est un
moien lent, & en atten-
dant qu'il ait quelque succès, vous serez exposé à
des choses désagréables :
on n'osera vous parler de
votre mariage, & ce sera
vous le reprocher ; vous ne

trouverez peut-être plus dans le monde, les mêmes agrémens que vous y avez trouvés jufqu'ici.

Eh, pourquoi ne les y trouverois-je pas, répondit le Comte de Blanchefort ? je travaille, il eft vrai, pour mon bonheur ; mais je fais une action digne de louange, de partager ma fortune avec la perfonne du monde la plus eftimable. Les actions les plus vertueufes, répliqua Mademoifelle d'Effei, font dégradées, quand on croit,

que l'amour y a part : je vous
le demande & pour vous &
pour moi, ne précipitez rien
pour donner le tems à vos
réflexions : je veux retourner à l'Abbaye du Paraclet,
& si après une absence rai-
sonnable, vous pensez de
même, je pourrai alors me
déterminer.

Non, Mademoiselle, lui
dit-il, je ne consens point
à votre éloignement : il faut
que vous me haïssiez pour
m'imposer des loix aussi
dures : que m'importe, que

mon mariage soit approuvé
de ce public, dont vous me
ménacez ? Vous suffirez seule pour mon bonheur : vous
me seriez mille fois moins
chere, si vous étiez née
dans le rang le plus élevé :
si ma naissance étoit égale
à la vôtre, répondit-elle,
je recevrois avec joie l'honneur que vous me faites ;
mais c'est par la distance
qu'il y a entre nous, que je
dois me mettre à plus haut
prix.

Elle achevoit à peine de

prononcer ces paroles, que
le Marquis de la Valette entra avec quelqu'autre perfonne de la Cour. Made-
moifelle d'Effei étoit trop
fiere pour lui laiffer croire
qu'elle étoit touchée du
procédé, qu'il avoit pour
elle; auffi affecta-t-elle de
le recevoir de la même façon, dont elle l'avoit toujours reçu; mais elle lui
trouva un air fi content,
qu'elle en fut déconcertée,
& qu'elle n'eut plus la force
de foutenir la gaieté qu'elle
avoit

avoit affectée d'abord.

Le Comte de Blanche-
fort fortit prefque auffi-tôt
que le Marquis de la Va-
lette fut entré : Mademoifelle d'Effei fe leva en même tems que lui, en di-
fant tout haut, qu'elle alloit
chez Mademoifelle de Ma-
gnelaîs : vous la connoiffez
donc, Mademoifelle , lui
dit le Marquis de la Va-
lette : nous avons paffé une
partie de notre vie enfemble, répondit Mademoifelle
d'Effei, & je puis vous af-

II. Partie. E

furer, ajoûta-t-elle, en le regardant, que fa confiance pour moi a toujours été fans réferve : & moi, Mademoifelle, lui dit-il, en s'approchant d'elle, & en lui parlant de façon à n'être pas entendu du refte de la compagnie, je prens la liberté de vous affurer à mon tour, qu'elle ne vous a pas tout dit.

Mademoifelle d'Effei, qui ne vouloit pas engager de converfation avec le Marquis de la Valette, fit mine

de ne l'avoir pas entendu,
& fortit : on lui dit à la
porte de Mademoiſelle de
Magnelais, que Mr. le Duc
d'Hallwin s'étoit trouvé
mal ; que ſa fille étoit auprès de lui ; & qu'on ne
pouvoit la voir. Mademoi-
ſelle d'Eſſei, que cette viſite
embarraſſoit, ne fut pas fâ-
chée de s'en voir diſpenſée.

Auſſi-tôt qu'elle fut ſeule avec Madame de Po-
lignac, elles convinrent,
qu'il ne falloit point différer de s'en retourner au Pa-

raclet. Le mariage de Mademoiselle de Magnelais, devenoit une nouvelle raison pour Mademoiselle d'Effei, de s'éloigner : auffi, reprit-elle dès le lendemain la route de son Couvent : Madame de Polignac fut chargée de donner un prétexte à ce prompt départ.

Les foins du Comte de Blanchefort fuivirent Mademoiselle d'Effei dans fa retraite : il ne laiffoit presque paffer aucun jour, fans

lui donner des marques de
son amour : elle en étoit
touchée, & n'y étoit point
sensible : l'idée du Marquis
de la Valette l'occupoit
malgré elle : elle se rappelloit le discours, qu'il lui
avoit tenu la derniére fois
qu'elle l'avoit vû : il lui venoit alors dans l'esprit, que
Mademoiselle de Magnelais
n'en étoit pas aussi aimée
qu'elle le croioit. Eh, pourquoi, disoit-elle, examiner
si elle est aimée, ou si elle
ne l'est pas ? Voudrois-je

conferver des prétentions
fur le cœur de fon amant ?
Voudrois-je en être aimée,
moi qui viens prefque de
prendre des engagemens
avec un autre ? Quel que
foit le Marquis de la Valette,
je ne dois jamais le voir, &
je me trouve coupable d'a-
voir befoin d'en prendre la
réfolution.

Cependant il fembloit
que l'abfence eût encore
augmenté l'amour du Com-
te de Blanchefort : Madame
de Polignac, engagée par

ſes priéres, & par le déſir qu'elle avoit de voir cette aimable fille établie, ſe détermina à l'aller chercher : il fut convenu, qu'elle l'ameneroit dans une de ſes terres ; que le Comte viendroit les y joindre ; que le mariage ſe feroit ſans beaucoup de cérémonie, & qu'il reſteroit ſecret pendant quelque tems.

Ce projet fut exécuté: Mademoiſelle d'Eſſei ne quitta point ſa retraite, ſans répandre des larmes : je ne

puis , lui dit Madame de
Polignac., vous pardonner
votre trifteffe : il faut, pour
vous faire fentir votre bonheur, que je vous conte le
malheur de Mademoifelle
de Magnelais : la Valette
après l'avoir aimée depuis
long-tems , l'a abandon-
née dans le moment, que
tout étoit préparé pour leur
mariage : elle l'aime encore : elle eft affligée : fa douleur qu'elle ne cache point,
intéreffe pour elle : & pour
achever de fe rendre odieux,

la Valette s'eſt battu pour
une femme avec Bellomont,
qui lui avoit ſauvé la vie
au ſiége d'Amiens : quoi-
qu'il ſoit très-bleſſé , & même en grand danger , le
Duc d'Epernon ne veut
point le voir , & ménace
de le deshériter. On rap-
pelle encore à cette occa-
ſion ſon avanture avec Mademoiſelle de Luxembourg,
qui a été depuis Ducheſſe
de Ventadour. Il ne vou-
lut point l'épouſer , quoique leur mariage eût été

arrêté, & qu'il y eût con-
fenti. C'eft un homme perdu dans le monde : il a
paru vous aimer, vous ne
l'auriez peut-être pas haï :
voiez combien vous devez
au Comte de Blanchefort
de vous avoir fauvée du péril, où vous étiez expofée.

Le procédé du Marquis
de la Valette donnoit à
Mademoifelle d'Effei tant
d'indignation contre lui,
& tant de colere contre
elle-même de la préféren-
ce, qu'elle lui avoit donnée

dans son cœur , que son estime pour le Comte de Blanchefort en augmentoit ; elle trouvoit qu'elle avoit à réparer avec lui. Il vint les joindre , plus amoureux encore , s'il étoit possible, qu'il ne l'avoit été.

Madame de Polignac étoit un peu malade quand il arriva ; mais son mal paroissoit si médiocre, que Mademoiselle d'Essei n'en étoit point allarmée : la fiévre augmenta si fort le lendemain, & les jours suivans,

que l'on commença à craindre pour sa vie. Dès qu'elle
connut l'extrémité où elle
étoit , elle fit approcher
Mademoiselle d'Essei & le
Comte de Blanchefort ; ma
mort, dit-elle au Comte ;
va priver Mademoiselle
d'Essei des secours, qu'elle
pouvoit attendre de mon
amitié ; mais je lui laisse en
vous plus qu'elle ne perd en
moi : j'eusse voulu être témoin de votre union & de
votre bonheur.

Non , Madame , s'écria le

Comte de Blanchefort, nous ne vous perdrons point : le Ciel vous rendra à nos larmes : vous serez témoin de notre bonheur.... Mais pourquoi le différer, poursuivit-il ? Je puis dès ce moment recevoir la foi de Mademoiselle d'Essei, & lui donner la mienne. Consentez à mon bonheur, ajouta-t-il, en se jettant aux pieds de Mademoiselle d'Essei, payez par un peu de confiance l'amour le plus tendre. Hélas ! qu'est-

ce que j'exige ? Que vous
ne me croyiez pas le plus
scélérat des hommes. Si les
ménagemens que j'ai à garder , m'obligent dans ces
premiers momens de tenir
notre mariage secret , je
suis sûr que je pourrai bientôt le déclarer.

Mademoiselle d'Essei fon-
doit en larmes : ce tems
d'attendrissement & de douleur fut favorable au Comte de Blanchefort. D'ail-
leurs un sentiment géné-
reux lui fit trouver de la sa-

tisfaction à faire quelque
chose pour un homme qui
faisoit tout pour elle. Moins
elle l'aimoit , plus elle
croyoit lui devoir.

L'autorité de Madame de
Polignac acheva de la dé-
terminer. Donnez votre
main , ma fille, au Comte
de Blanchefort , lui dit-
elle après avoir fait ap-
peller le Curé du lieu, ju-
rez-vous devant nous la foi
conjugale. Votre probité,
continua-t-elle en s'adref-
fant au Comte, me répond

de votre parole. Voici,
ajouta-t-elle, en s'adreſſant
à Mademoiſelle d'Eſſei,
une caſſette qui renferme
quelques pierreries ; je vous
prie, ma chere fille, de les
accepter : ſi je pouvois diſ-
poſer du reſte de mon bien,
il ſeroit à vous.

- Mademoiſelle d'Eſſei é-
toit ſi troublée de l'engagement qu'elle venoit de
prendre, & ſi preſſée de ſa
douleur, qu'elle tomba en
foibleſſe aux pieds de Madame de Polignac : on l'em-
p orta

porta hors de fa chambre :
on la mit au lit : elle paffa
la nuit dans des pleurs con-
tinuels. Le Comte de
Blanchefort fut toujours auprès d'elle.

Cependant Madame de
Polignac parut un peu
mieux pendant quelques
jours : cette efpérance qui
donna tant de joie à Ma-
demoifelle d'Effei, ne dura
guère. Le mal augmenta,
& on lui annonça qu'il
falloit fe préparer à la mort.
Elle voulut encore parler à

II. Partie. F

Mademoifelle d'Effei. Il
faut, quand je ne ferai plus,
lui dit-elle, que vous re-
tourniez auprès de ma fœur:
c'eft-là, où vous devez attendre la déclaration de
votre mariage : tout autre
lieu blefferoit la bienféance ; vous pouvez lui con-
fier votre fecret : la tendreffe qu'elle a pour vous,
vous répond de fa difcré-
tion.

Madame de Polignac ne
vécut que quelques heures
après cette converfation,

& mourut entre les bras de
Mademoiſelle d'Eſſei , & la
laiſſa inconſolable. Le Comte de Blanchefort l'arracha
de ce Château, l'amena à
l'Abbaye du Paraclet , &
de-là, à une maiſon de campagne où l'Abbeſſe étoit
alors, ſans qu'elle ſçût preſque où on la menoit.

Madame du Paraclet ai-
moit tendrement ſa ſœur,
elle la pleura avec Made-
moiſelle d'Eſſei, & les premiers jours ne furent em-
ployés qu'à ce triſte exer-

cice. Mais quand la dou-
leur de Mademoiſelle d'Eſſei ſe fut un peu moderée,
ſa ſituation, à laquelle elle
n'avoit preſque pas réflé-
chi, commença à l'éton-
ner; elle en parla à Madame du Paraclet. Je ſuis perſuadée, dit - elle, que le
Comte de Blanchefort vous
tiendra ſa parole. Mais,
enfin, il peut y manquer;
il vous voit tous les jours;
il faut, ſans lui marquer de
méfiance injurieuſe, le déterminer à ce qu'il doit faire.

La groſſeſſe de Mademoiſelle d'Eſſei, dont elle s'apperçut alors, ne lui permettoit plus de différer la publication de ſon mariage. Je vous ai donné par ma confiance, dit - elle au Comte de Blanchefort, la marque d'eſtime la plus flateuſe, que je puſſe vous donner ; j'attendrois même avec tranquilité les arrangemens, que vous êtes peut-être obligé de prendre pour déclarer notre mariage ; ſi ma groſſeſſe, dont je ne puis douter, m'en laiſſoit la liberté.

Le Comte de Blanchefort parut tranſporté de joie, dans ce premier moment, d'apprendre que Mademoiſelle d'Eſſei étoit groſſe, il l'embraſſa avec beaucoup de tendreſſe. Le nouveau lien qui va être entre nous, lui dit-il, m'attache encore, s'il eſt poſſible, plus fortement à vous. Je partirai demain pour demander au Connétable de Luynes qui m'honore d'une amitié particuliere, de faire approuver mon mariage au Roy & à la Reine ; je fuis néceffairement attaché à la Cour par mes emplois, il faut m'affurer que vous y ferez reçue comme vous devez l'être.

. Je n'ai rien à vous pref-crire, repliqua Mademoi-felle d'Effei, mais je vous prie de fonger que tous les momens que vous retardez, expofent ma réputation. Doutez-vous, lui dit-il, qu'elle ne me foit auffi

chere qu'à vous. Mon voyage ne fera que de peu de
jours, & j'aurai bientôt la
fatisfaction de faire admi-
rer mon bonheur à toute
la Cour.

Mademoifelle d'Effei,
qu'aucun foupçon n'allar-
moit, vit partir le Comte
de Blanchefort fans inquiétude, perfuadée qu'il viendroit remplir fes promef-
fes.

Il revint effectivement
à-peu-près dans le tems
qu'il lui avoit promis, mais
dans

dans les premiers momens qu'ils furent enfemble, elle trouva dans fes manieres quelque chofe de fi contraint, qu'elle en fut troublée.

Qu'avez-vous, Monfieur, lui dit-elle avec beaucoup d'émotion, vos regards ont peine à s'arrêter fur moi, vous eft-il arrivé quelque malheur que vous craigniez de m'apprendre? Ah! ne me faites pas cette injuftice, je ferai bien plus preffée de partager vos pei-

II. Partie. G

nes, que je ne le suis de partager votre fortune.

Monsieur de Blanche-
fort soupiroit & n'avoit pas
la force de répondre. Parlez, lui dit - elle encore,
rompez ce cruel silence,
prouvez-moi ce que vous
m'avez dit tant de fois, que
je vous tiendrois lieu de
tout. Je vous le repéte encore, dit le Comte de
Blanchefort, mais puis - je
m'assurer que vous m'ai-
mez !

Quel doute, s'écria Ma-

demoiselle d'Effei ! oubliez-
vous que c'eft à votre femme que vous parlez ; avez-
vous oublié les nœuds qui
nous lient ? Mais , continua - t - il , m'aimez - vous
affez pour entrer dans mes
raifons ? voudrez - vous
vous prêter aux ménage-
mens que je dois à ma fortune ? Le Connétable à qui
je voulois faire part du deffein où j'étois de vous é-
poufer, m'a propofé de me
donner fa fœur ; c'étoit me
perdre que de lui dire que

j'avois pris des engage-
-mens sans son aveu : tout
ce que j'ai pu faire a été de
lui demander du tems. Vo-
-tre grossesse ne doit point
vous affliger ; je prendrai
des mesures pour dérober
la connoissance de votre
accouchement, & pour é-
carter les soupçons, je ne
ne vous verrai que rare-
ment.

Ce que je viens d'enten-
dre est-il possible , s'écria
Mademoiselle d'Essei! Non,
Monsieur , vous voulez

m'éprouver, vous n'expo-
ferez point votre femme à
la honte d'un accouche-
ment fecret, vous ne ren-
drez point la naiffance
de votre enfant douteufe ;
fon état & le mien font
affurés, puifque j'ai votre
parole.

Je conviens de ce que
je vous ai promis, répon-
dit-il, mais vous y avez
mis vous-même un obfta-
cle infurmontable. Je me
rappelle fans ceffe ce que
vous m'avez dit fur la ma-

niere dont mon mariage
feroit regardé dans le monde. Je vous l'avoue, je fuis
flatté de l'approbation que
le Public m'a accordée jufqu'ici , je ne veux point
m'expofer à en être blâmé.

.Vous craignez , dit-elle ,
d'être expofé à quelque
blâme , & vous ne craignez
pas de manquer aux enga-
gemens les plus facrés.
Voyez - moi à vos pieds ,
pourfuivit-elle, voyez cette femme que vous aimiez.
C'eft moi qui vous deman-

de , le cœur pénétré de douleur , la grace que vous me demandiez , quand vous étiez aux miens. Ce n'est point de ma foiblesse que vous m'avez obtenue , c'est au plus honnête homme de toute la France que j'ai cru me donner. Pourriez-vous vous résoudre à perdre ce titre auprès de moi ? Pourriez-vous jouir d'une réputation que vous ne mériteriez plus ? Hélas ! je n'ose vous parler de l'état où vous allez me réduire ; je sens

que je ne vous touche plus ;
mais cette créature qui eſt
votre ſang auſſi-bien que le
mien, ne mérite-t-elle rien
de vous, la laiſſerez-vous
naître dans l'opprobre ?
Condamnez - moi à vivre
dans quelque coin du
monde, ignorée de toute la
terre ; mais ne m'ôtez pas
la conſolation de pouvoir
vous eſtimer, aſſurez l'é-
tat de mon enfant ; & de
quelque façon que vous
traitiez ſa malheureuſe mere, elle ne vous fera point
de reproche.

Le Comte de Blanche-
fort ne put voir à ses pieds,
sans en être attendri, cette
femme qu'il avoit tant aimée, qu'il aimoit encore,
abîmée de douleur & bai-
gnée de ses larmes. Il la
releva avec toutes les marques de la plus grande sen-
sibilité, il voulut par des
espérances & par des offres
les plus considérables calmer son désespoir.

Qu'osez - vous me pro-
poser, lui dit-elle avec indignation ? Que pouvez-

vous m'offrir qui foit digne
de moi ? Vous-même , ne
m'en avez paru digne, que
parce que je vous ai crû
vertueux ; mais , reprit - elle
en le regardant avec des
yeux, que fes pleurs ren-
doient encore plus tou-
chans , pourrez vous ceffer
de l'être ? Vous êtes - vous
bien peint la peine qu'il y
a d'être mécontent de foi ?
vous êtes-vous bien endurci
contre les reproches de
votre propre confcience ?
avez - vous penfé à cette

idée si flatteuse que j'avois
de vous , à celle que j'en
dois avoir ?

Je sçai, reprit-il , l'horreur que vous aurez pour
moi ; j'en sens tout le poids,
puisque malgré mon injus-
tice , ma passion est encore aussi forte ; mais telle
qu'elle est , je ne puis me
résoudre à faire ce que vous.
désirez.

Et moi, lui dit-elle , je
ne puis plus soutenir la vue
d'un homme, qui m'a si cruel-
lement trompée. Jouissez,

fi vous le pouvez, de cette réputation de vertu que vous méritez fi peu, tandis qu'avec une ame véritablement vertueufe, j'aurai toute la honte & l'humiliation attachée au crime. Elle entra, en achevant ces paroles, dans un cabinet dont elle ferma la porte. Monfieur de Blanchefort fortit auffitôt, monta à cheval & prit le chemin de Paris.

Madame du Paraclet furprife de ce prompt départ, & ne voyant point Made-

moiſelle d'Eſſei, alla la chercher. L'état où elle la trouva, ne lui apprit que trop
ſon malheur. Elle étoit baignée de ſes larmes, & toute ſon action étoit d'une
perſonne livrée au deſeſ-
poir. Ha! Madame, lui dit-
elle, je ſuis abandonnée,
je ſuis trahie, je ſuis dés-
honorée par le plus lâche
de tous les hommes.

Quoi, s'écrioit-elle, je
ne ſerai donc plus qu'un
objet de mépris, & je pour-
-rois vivre, & je pourrois

soutenir ma honte ! Non,
il faut que la mort me délivre de l'horreur que j'ai
pour ce traître, & de celle
que j'ai pour moi-même.
Ses larmes & ses sanglots
arrêterent ses plaintes. Madame du Paraclet, attendrie
& effrayée d'un état aussi
violent, mit tout en usage
pour la calmer.

Vous vous allarmez trop
vîte, lui dit-elle, le Comte
de Blanchefort vous aime,
il ne résistera point à vos
larmes ; d'ailleurs, il crain-

dra le tort qu'une affaire, comme celle-ci, peut lui faire.

Hé, Madame, répliqua-t-elle, il a vû mon défef-poir, il m'a vû mourante à fes pieds, fans en être émû. Qui pourroit lui re-procher fon crime ? Mada-me de Polignac n'eft plus, & vous fçavez que le Curé & les deux témoins de mon mariage, ont été écartés par les foins d'un perfide.

Mais, quand tout vous manqueroit, dit Madame

du Paraclet, mon amitié
& votre vertu vous reſtent;
croyez-moi, on n'eſt jamais
pleinement malheureuſe,
quand on n'a rien à ſe reprocher ; ne me donnez
pas, ajoûta-t-elle, en l'em-
braſſant, le chagrin mortel
de vous perdre, vous avez
du courage, que la ten-
dreſſe que j'ai pour vous,
que celle que vous me de-
vez, vous obligent à en
faire uſage, je reſterai ici
avec vous pendant un
tems, nous prendrons tou-
tes

tes les mesures convena-
bles pour dérober la con-
noissance de votre mal-
heur.

Mademoiselle d'Essei pleuroit, & ne répondoit point;
enfin, à force de priéres,
de tendresses mêlées de
l'espérance, que Madame
du Paraclet tâchoit de lui
donner du repentir du
Comte de Blanchefort,
elle se calma un peu. Je
payerois son repentir de
ma propre vie, disoit-elle;
& voyez l'affreuse situation

II. Partie. H

où je suis, ce que je sou-
haite avec tant d'ardeur,
me rendroit à un homme,
pour qui je ne puis avoir
que du mépris.

Les journées & les nuits
se passoient presque entié-
res dans de pareilles conversations. La pitié que
Madame du Paraclet avoit
pour Mademoiselle d'Essei,
l'attachoit encore plus fortement à cette malheureuse
fille.

J'étois bien destinée,
disoit-elle, à trouver de la

mauvaise foi & de la per-
fidie, le Marquis de la Valette auroit dû m'inspirer
de la méfiance pour tous
les hommes ; elle conta
alors à Madame du Para-
clet l'amour qu'il avoit feint
pour elle, dans le tems qu'il
étoit engagé avec Made-
moiselle de Magnelais.

A près quelques jours elle
écrivit au Comte de Blan-
chefort de la maniere la
plus propre à l'attendrir &
à le toucher. Madame du
Paraclet lui écrivit aussi, &

lui faiſoit tout craindre pour
la vie de Mademoiſelle d'Eſ-
fei. Elle envoya à Paris un
homme à elle, pour ren-
dre leurs lettres en main
propre.

On juge avec quel trou-
ble & quelle impatience
Mademoiſelle d'Eſſei en attendoit la réponſe. Elle
étoit ſeule dans ſa chambre
occupée de ſon malheur,
quand on vint lui dire qu'un
homme qui lui apportoit
une lettre demandoit à lui
parler. Elle s'avança avec

précipitation au-devant de
celui qu'on lui annonçoit ,
& fans s'appercevoir qu'il
la fuivoit , elle prit la lettre.

Quelle fut fa furprife ,
quand après en avoir vû
quelques lignes, elle recon-
nut qu'elle étoit du Marquis
de la Valette. Grand Dieu !
dit-elle , en répandant quelques larmes , & en fe laif-
fant aller fur un fiége , le
Marquis de la Valette voudroit donc encore me tromper ! Non, Mademoifelle, lui

dit en fe jettant à fes genoux , celui qui lui avoit
rendu la lettre , & en fe
faifant connoître pour le
Marquis de la Valette lui-
même , je ne veux point
vous tromper. Je vous adore , & je viens mettre à vos
pieds une fortune dont je
puis difpofer préfentement.

La furprife , le trouble ,
& plus encore , un fenti-
ment vif de fon malheur ,
que cette ayanture rendoit
plus fenfible à Mademoi-
felle d'Effei , ne lui laif-

soient ni la force de parler,
ni la hardiesse de regarder
le Marquis de la Valette.

Vous ne daignez pas
jetter un regard sur moi,
lui dit-il, me suis-je trompé, quand j'ai cru vous voir
attendrie en lisant ma lettre ? vous me croyiez coupable. Vous avez pensé
comme le Public de mon
procedé avec Mademoi-
selle de Magnelais ; j'ai souffert, j'ai même vû avec
indifférence les jugemens
qu'on a faits de moi, mais

je ne puis conserver cette
indifférence avec vous ; il
me faut votre estime, celle
que j'ai pour vous la rend
aussi nécessaire à mon bonheur, que votre tendresse
même.

Tant de témoignages
d'une estime dont Made-
moiselle d'Essei ne se croyoit
plus digne, achevoient de
l'accabler. Ecoutez-moi
de grace, poursuivit le
Marquis de la Valette,
c'est pour vous seule que je
veux rompre le silence, que
je

je m'étois impofé ; mais il y
va de tout pour moi , de
vous faire perdre des foup-
çons qui me font fi inju-
rieux.

Sa juftification devenoit
inutile à Mademoifelle d'Effei dans la fituation , où elle
étoit ; mais l'inclination
qu'elle avoit pour lui, lui faifoit fentir quelque douceur
à ne le plus trouver cou-
pable. Ce que vous avez
à m'apprendre , lui dit-elle,
après l'avoir fait relever,
ne changera-ni votre for-

tune , ni la mienne. Par-
lez cependant, puifque vous
le voulez.

Il ne fuffit pas toujours
d'être honnête homme, dit
le Marquis de la Valette :
il faut encore que la fortune nous ferve , & ne nous
mette pas dans des fitua-
tions, où le véritable honneur exige que nous en né-
gligions les apparences.

Vous avez , fans doute ,
entendu parler de la façon
dont je rompis avec Made-
moifelle de Luxembourg :

notre mariage étoit prêt à
fe conclurre ; je n'y avois
point apporté d'obftacle ; je
rompis cependant prefque
au moment, où il devoit
s'achever. Ce procedé,fi bizarre en apparence., & qui
m'attira tant de blâme ,
étoit pourtant généreux.
Mademoifelle de Luxem-
bourg me déclara qu'elle
aimoit le Duc de Venta-
dour, & en étoit aimée ;
qu'elle n'auroit cependant
pas la force de défobéïr à
fon pere ; qu'elle me prioit

de prendre fur moi la rup-
ture de notre mariage. Pouvois - je me refufer à ce
qu'elle défiroit ?

Le feu Roi faifoit alors la
guerre en Picardie : j'allai l'y
joindre avec quelques troupes, que j'avois levées à mes
dépens : le defir de me dif-
tinguer me fit expofer un
peu trop légerement au fiége d'Amiens : je fus ren-
verfé par les Affiégés, du
haut de leurs murailles : je
tombai dans le foffé , très-
bleffé , & j'aurois peut-être

péri, sans le secours de Bellomont, qui me releva, &
ne me quitta point, qu'il
ne m'eût remis entre les
mains de mes Gens.

Ce service étoit consi-
dérable : ma reconnoissance y fut proportionnée : dès
ce même jour je ne voulus
plus que le Chevalier eût
d'autre tente & d'autres
équipages que les miens :
sa naissance & sa fortune,
sont si fort au-dessous de la
mienne, qu'il pouvoit sans
honte recevoir mes bien-

faits : nous devînmes insé-
parables, & les éloges que
je lui prodiguai lui attire-
rent de la part du Roi, &
des principaux Officiers,
des diftinctions flatteufes.
Plus je faifois pour lui, plus
je m'y attachois, & plus je
croyois lui devoir.

Il voulut m'accompa-
gner en Flandre , où le
Roi m'envoya pour négo-
cier avec quelques Sei-
gneurs qui lui étoient at-
tachés : comme la Négo-
ciation exigeoit le plus

grand fecret, le Roi m'ordonna de n'y paroître que fous un faux nom , & en fimple Voyageur. J'allai à Lille , où je devois trouver ceux avec qui j'avois à traiter. C'eft-là, où je vis Mademoifelle de Magnelais & Madame fa mere , qui étoient allées dans leurs Terres.

Je ne parus chez elles que fous le nom du Chevalier de Benauges , que j'avois pris, & j'y fus beaucoup mieux reçu par Ma-

demoiselle de Magnelais,
que ne devoit l'être un
homme de la condition dont
je paroissois : je crus que je
lui plaisois, & je fus flatté
de ne devoir cet avanta-
ge, qu'à mes seules quali-
tés personnelles : je m'atta-
chai d'abord bien plus à
elle par amour propre, que
par amour ; mais je vins in-
sensiblement à l'aimer , &
j'aurois cru ne pouvoir aimer mieux , si ce que je
sens pour vous ne m'avoit
fait connoître toute la sen-

sibilité de mon cœur.

Comme mon déguise-
ment étoit le secret du Roi,
je ne le dis point à Mademoiselle de Magnelais ; je
me faisois encore un plaisir
de celui qu'elle auroit, quand
je lui serois connu, de trouver dans le Marquis de la Valette un amant plus digne
d'elle, que le Chevalier de
Benauges.

Mon séjour à Lille fut de
trois mois : j'eus la satisfaction d'apprendre en par-
tant, que Mademoiselle de

Magnelais viendroit bien-
tôt à Paris : elle m'avoit
permis de mettre Bello-
mont dans notre confiden-
ce ; & lorfqu'il naiffoit en-
tre-nous quelque petit différent , c'étoit toujours lui
qui rétabliffoit la paix.

Quelques jours après
mon retour, Mademoifelle
de Magnelais fut préfentée
à la Reine : j'étois dans la
chambre de cette Princeffe,
& je jouis du trouble & de
la joie de Mademoifelle de
Magnelais, quand elle m'eut

reconnu. J'allai chez elle, & quoique j'euſſe à eſſuier quelques reproches du miſ-tére que je lui avois fait, elle étoit ſi contente de trouver, que le Chevalier de Benauges étoit le Marquis de la Valette, que je n'eus pas de peine à obtenir mon pardon.

Je lui rendois tous les ſoins que la bienſéance me permettoit. La douceur de notre commerce étoit quel-quefois troublée par ſes ja-louſies: je ne voiois point

de femme, dont elle ne prît
ombrage ; & elle me ré-
duifoit prefque au point de
n'ofer parler à aucune :
j'étois quelquefois prêt à
me révolter, mais la per-
fuafion, que j'étois aimé,
me ramenoit bien vîte à la
foumiſſion.

Quand ma conduite ne
donnoit lieu à aucun re-
proche , j'en avois d'une
autre efpéce à eſſuyer. On
fe plaignoit que je n'étois
pas jaloux : vous voulez
bien me laiſſer penſer , lui

difois - je , Mademoifelle,
que j'ai le bonheur de vous
plaire. Puis - je être jaloux
fans vous offenfer , & me
le pardonneriez - vous ? Je
ne fçai fi je vous le pardon-
nerois , me répondoit-elle ;
mais je fçai bien que j'en
ferois plus fûre que vous
m'aimez.

Ce fentiment me paroif-
foit bizarre : je m'en plaignois à Bellomont : il juftifioit Mademoifelle de
Magnelais , & m'obligeoit
à lui rendre graces d'une

délicatesse que je n'entendois point ; cependant mon attachement pour elle fit du bruit : le Duc d'Epernon, qui souhaitoit de me marier, m'en parla, & ne trouva en moi nulle résistance : le mariage fut bientôt arrêté entre Monsieur le Duc d'Hallwin & lui, mais quelques raisons particulieres les obligerent à le différer.

Cependant, comme les paroles étoient données, j'eus beaucoup plus de li-

berté de voir Mademoiselle
de Magnelais : je paſſois les
journées chez elle, & j'a-
vois lieu d'être content de
la façon, dont elle vivoit
avec moi. Un jour, que j'é-
tois entré dans ſon appartement pour l'attendre ,
j'entendis qu'elle montoit
l'eſcalier avec quelqu'un ,
que je crus être un homme.
Le plaiſir de faire une plai-
ſanterie ſur le défaut de jalouſie qu'elle me reprochoit
ſi ſouvent , me fit naître
l'envie de me cacher. Je

me coulai dans la ruélle du lit, qui étoit difposé de maniere, que je ne pouvois être apperçu.

Vous avez tort, difoit Mademoifelle de Magnelais à l'homme qui étoit avec elle, que je ne pouvois voir. Bien loin de me faire des reproches, vous me devez des remercimens : il eft vrai que je fuis ambitieufe ; mais c'eft bien moins par ambition que je l'époufe, que pour m'affurer le plaifir de vous voir.
Pourquoi

Pourquoi, répondit celui à qui elle parloit (que je reconnus pour Bellomont) lui faire croire que vous l'aimez ? Pourquoi tous ces reproches de ce qu'il n'eſt pas jaloux ?

Je vous avoue, repliquat-elle, que la vanité que je trouvois à en être aimée, m'avoit d'abord donné du goût pour lui : votre amour ne m'avoit pas encore fait connoître le prix de mon cœur: je croyois preſque le lui devoir. Laiſſons - lui penſer

II. Partie. K

qu'il est aimé ; cette opi-
nion écartera ses soupçons,
& en lui reprochant sa confiance, je l'augmente encore.

Les premiers mots de
cette conversation me cau-
serent tant de surprise, qu'elle auroit seule suffi pour arrêter les effets de ma colere ; mais tous les sentimens
dont j'étois agité , firent
bien-tôt place au mépris &
à l'indignation , qui prenoient dans mon cœur celle
de l'amour & de l'amitié : je
ne fus pas même honteux

d'avoir été trompé , tout
honnête homme auroit pû
l'être , & cela me suffisoit.

Mademoiselle de Magne-
lais & Bellomont dirent encore plusieurs choses, qui me
firent comprendre que leur
intelligence avoit com-
mencé presqu'aussi-tôt que
j'avois crû être aimé : ils se
séparerent dans la crainte
que je ne vinsse , car quelque sûr que l'on fût de moi ,
on vouloit pourtant me
ménager. Mademoiselle de
Magnelais passa dans l'ap-

partement de Madame fa
mere, & me laiffa la liberté
de fortir.

J'allai m'enfermer chez
moi pour réfléchir fur le
parti, que j'avois à prendre :
je pouvois perdre d'hon-
neur Mademoifelle de Mag-
nelais, mais n'étoit-ce pas
la punir d'une maniere trop
cruelle, d'une légéreté dont
il ne m'étoit arrivé aucun
mal ? Et pouvois - je em-
ployer contre elle des armes qu'elle n'auroit pu en
pareil cas employer contre

moi? Pour Bellomont, il me
trahissoit, mais il m'avoit
sauvé la vie : il m'étoit plus
aisé de pardonner l'injure,
que de manquer à la reconnoissance.

Pour ne pas priver le
Chevalier d'une protection
aussi nécessaire pour lui, que
celle de Monsieur d'Eper-
non, je me déterminai à lui
cacher ce que le hazard
m'avoit fait découvrir. A
l'égard de mon mariage,
j'avois le tems pour moi : il
ne me restoit qu'à prendre

-des mefures pour éviter de
voir Mademoifelle de Mag-
nelais : elle m'étoit devenue , dès ce moment-là, fi
indifférente , que je n'avois
pas même befoin de lui faire des reproches : je pro-
jettois un voyage à la campagne , quand j'appris que
Mademoifelle de Magne-
lais y étoit allée elle-même.

J'eus l'honneur, Made-
moifelle, de vous voir , à-
peu-près dans ce tems-là, &
dès ce moment je n'imaginai
plus, qu'on pût me propofer

Mlle. de Magnelais : cette
jaloufie, qu'elle m'avoit demandée, & que je ne con-
noiffois point, je la connus
alors : tout ce qui vous en-
vironnoit me faifoit om-
brage : tout me paroiffoit
plus capable que moi de
vous plaire , & aucun ne
me fembloit digne de vous.

Je craignis cependant le
Comte de Blanchefort un
peu plus que les autres: moi,
qui jufques-là n'avois fait aucun cas des louanges de la
multitude, je me fentis af-

fligé de celles que cette
multitude donnoit à mon
Rival : il pouvoit auffi vous
offrir fa main , & moi je ne
pouvois , pendant la vie du
Duc d'Epernon , vous pro-
pofer qu'un mariage fecret,
à quoi mon refpect ne pouvoit confentir ; ce fut ce
qui me retint le jour que
j'ofai vous parler du Comte de Blanchefort. Quelle
joie , Mademoifelle , répan-
dites-vous dans mon cœur!
je crus voir que vous étiez
touchée de l'excès de ma
pàffion.   Cepen-

Cependant le voyage de Mademoiselle de Magnelais qui me laissoit respirer, n'avoit été entrepris que pour me jetter dans des nouvelles peines. Elle avoit déterminé le Duc d'Hallwin à ne plus différer notre mariage, & à leur retour le Duc d'Epernon & lui en marquerent le jour.

Mon refus m'attira la disgrace de mon pere : je ne lui en donnai point de raisons : celles que la condui-

II. Partie. L

te de Mademoifelle de
Magnelais me fourniffoit,
n'auroient point été crues,
& d'ailleurs, depuis que je
vous avois vue, Mademoi-
felle, je fentois que ce n'étoit
pas le plus grand obftacle à
notre mariage ; mais je crus
auffi qu'il falloit, fur-tout
dans les premiers momens,
lui cacher mon attache-
ment pour vous.

Je ne pus cependant me
refufer le plaifir de vous
voir le lendemain. J'étois
plein de la joie de me voir

libre : je voulois vous la
montrer, je me flattois que
vous en démêleriez le mo-
tif ; mais cette joie ne me
dura guères : vos regards
& le ton dont vous me
parlâtes me glacerent de
crainte. Oserai - je cependant vous l'avouer ? Me
pardonnerez - vous de l'a-
voir pensé ? ce que vous me
dites de Mademoiselle de
Magnelais me donna lieu
de me flatter, qu'elle avoit
part au mauvais traitement
que je recevois.

Cette idée me donna un
peu de tranquilité, & je pris
dès-lors la résolution de ne
vous rien cacher, de ce qui
s'étoit paſſé entre elle &
moi. Je retournai dans cette intention chez Madame
de Polignac ; j'appris d'elle-
même, Mademoiſelle, que
vous étiez retournée à l'Abbaye du Paraclet : je fis deſſein d'y aller, & j'avois tout
diſpoſé pour cela.

Je reçus, la ſurveille de
mon départ, un billet de
Bellomont, il me prioit

de me trouver, le lende-
main matin, à un endroit
d'un Fauxbourg de Paris
affez écarté : je ne fuis pas
naturellement porté à la
méfiance : j'euffe voulu
d'ailleurs, le trouver moins
coupable. Je me figurai
qu'il avoit deffein de m'a-
vouer ce qui s'étoit paffé,
& de concerter avec moi
les moyens d'époufer Ma-
demoifelle de Magnelais.

La converfation com-
mença par les protefta-
tions de fon attachement

pour moi : après le début,
qui me confirmoit encore
dans mon idée, comment
est-il possible ; me dit - il,
que vous puissiez faire le
malheur d'une fille, dont
vous êtes si tendrement aimé ! J'ai été encore hier
témoin de ses larmes : c'est
par son ordre que je vous
parle : elle est instruite de
votre amour pour Made-
moiselle d'Essei. Permettez-
moi, Mademoiselle, ajou-
ta le Marquis de la Valette, de vous taire ce qu'il eut
l'audace d'ajouter.

Peut-être n'aurois-je encore payé tant d'artifice & de mauvaise foi, que par le plus profond mépris ; mais je ne fus plus maître de mon indignation, quand il osa manquer au respect, qui vous est dû de toute la terre. Taisez-vous, lui dis-je avec un ton de fureur, ou je vous ferai repentir de votre insolence. Vous & Mademoiselle de Magnelais, êtes dignes l'un de l'autre ; & je vous aurois punis de toutes vos trahisons, si le

mépris ne vous avoir sau-
vés de ma vengeance.

A qui parles-tu donc, repliqua Bellomont? As-tu oublié
que tu me dois la vie? Mais tu
ne jouiras plus d'un bienfait
dont tu abuses ; il vint en
même-tems sur moi , & a-
vant que je me fusse mis
en défense , il me porta
deux coups d'épée : je ti-
rai la mienne, & comme il
vouloit redoubler, je le bles-
fai à la hanche, en me dé-
fendant; il tomba, je fus sur
lui , & après l'avoir désar-

mé, je te donne la vie, lui
dis-je, & me voilà délivré
de la honte de devoir quelque chose au plus lâche de
tous les hommes.

Cependant mon sang
couloit en abondance, &
j'allois tomber moi-même,
& être exposé à la rage de
ce méchant, dont la blessure étoit légere, quand des
Payfans qui venoient à la
ville, arriverent dans le lieu
où nous étions. Mes habits,
qui étoient magnifiques, les
firent d'abord venir à moi.

Je me fis porter dans la plus
prochaine maison , qui se
trouva , par hazard , appar-
tenir à un homme , qui
nous étoit attaché : je le
chargeai d'aller avertir le
Comte de Ligny , avec qui
j'étois lié d'amitié , depuis
notre premiere enfance. Les
Chirurgiens qui avoient d'a-
bord annoncé que ma vie
étoit dans le plus grand
péril , commencerent quelques jours après à conce-
voir de l'espérance.

A mesure que l'extrême danger diminuoit, mes inquiétudes augmentoient. La discrétion, que j'avois toujours reconnue dans le Comte de Ligny, & le besoin de m'ouvrir à quelqu'un, m'obligerent à lui parler. Nous convinmes qu'il enverroit au Paraclet un homme à lui, qui devoit tâcher de vous parler : j'eusse bien voulu vous écrire ; mais je n'en avois ni la force, ni même la hardiesse.

Celui qui avoit été char-

gé d'aller au Paraclet, nous
rapporta que vous n'y étiez
plus, que vous étiez chez
Madame de Polignac, où
il avoit vainement tenté de
vous parler. Ces nouvelles
me jetterent presque dans
le défespoir. Comment se
flatter que les foibles bontés que vous m'aviez mar-
quées, tiendroient contre
des torts affez apparens,
& contre les foins de mon
Rival ?

Le Comte de Ligny tâ-
choit en vain de me con-

foler ; il étoit lui - même
obligé de convenir , que
mes craintes étoient légi-
times : je voulois , tout foible que j'étois , aller moi-
même chez Madame de Po-
lignac ; mais les efforts que
je voulois faire , retardoient
encore ma guérison , &
pour achever de m'acca-
bler , le Duc d'Epernon
tomba malade dans le mê-
me tems , & mourut fans
avoir voulu m'accorder le
pardon, que je lui fis demander. Les calomnies de Bel-

fomont avoient achevé de
l'irriter contre moi : il avoit
eu l'audace de lui dire que
je l'avois attaqué le premier ; & que je ne m'étois
porté à cette violence ;
que parce qu'il avoit voulu me repréfenter mes de-
voirs.

Cette imposture exigeoit
de moi, que je le viffe encore, l'épée à la main : j'at-
tendois, avec impatience ,
que mes forces me le per-
miffent, quand un intérêt
plus preffant m'a fait dif-

férer ma vengeance. Le Comte de Ligny entra, il y a trois jours dans ma chambre, avec un air de joie, dont je fus étonné : réjouiſſez-vous, me dit-il, le Comte de Blanchefort, ce rival ſi redoutable, vient de faire part au Roi de ſon mariage avec la ſœur du Connêtable.

Mademoiſelle d'Eſſei avoit écouté juſques-là le Marquis de la Valette avec un ſaiſiſſement de douleur, qu'elle avoit eu peine à cacher ; mais elle n'en fut plus la maitreſſe.

Quoi ! s'écria-t-elle, en répandant un torrent de larmes, le Comte de Blan-chefort eſt marié ! Ces pa-roles furent les ſeules qu'el-le put prononcer : elle tom-ba en foibleſſe, le Marquis de la Valette n'étoit güére dans un état différent, la vûe de Mademoiſelle d'Eſſei mourante, & mourante pour ſon rival, lui faiſoit ſentir tout ce que l'amour & la jalouſie peuvent faire éprou-ver

ver de plus cruel ; il fut
quelque moment immobile
fur fon fiége ; enfin l'amour
fut le plus fort, il prit Mademoiſelle d'Eſſei entre ſes
bras pour tâcher de la faire
revenir.

Dans le même tems qu'il
appelloit du ſecours, Ma-
dame du Paraclet étonnée
de ne point voir Made-
moiſelle d'Eſſei, venoit la
chercher ; ſa ſurpriſe fut extrême de la trouver éva-
nouie dans les bras d'un
homme, qu'elle ne connoiſ-

II. Partie. M

soit point ; mais le plus
pressé étoit de la faire revenir. Son évanouissement
fut très-long, elle ouvrit
enfin les yeux, & les por-
tant sur tout ce qui l'en-
vironnoit, elle vit le Marquis de la Valette à ses
pieds qui lui tenoit une
main, qu'il mouilloit de ses
larmes : la crainte de la perdre avoit étouffé la jalousie, il eût consenti dans ce
moment au bonheur du
Comte de Blanchefort.

Laissez-moi, Marquis, lui

dit-elle en retirant sa main,
votre amour & votre dou-
leur achevent de me faire
mourir. Que je vous laisse,
Mademoiselle, s'écria-t-il !
vous le voulez envain, il
faut que je meure à vos
pieds du desespoir de n'a-
voir pu vous toucher, &
de vous trouver sensible
pour un autre : comment
a-t-il touché votre cœur ?
Quelle marque d'amour
vous a-t-il donnée? Par quel
endroit a-t-il mérité de m'ê-
tre préféré ? Je suis donc

destiné à être trahi ou mé-
prisé. Hélas! je venois mettre ma fortune à vos pieds,
& c'est de mon rival que
vous voulez tenir, ce que
mon amour vouloit vous
donner.

Les larmes & les san-
glots de Mademoiselle
d'Essei l'empêcherent long-
tems de répondre ; enfin
prenant tout d'un coup son
parti, je vais vous montrer,
lui dit-elle , que je suis encore plus malheureuse &
plus à plaindre que vous,

Le Comte de Blanchefort
est mon mari, la raison &
peut-être encore plus le dépit dont j'étois animée contre vous, m'ont déterminée
à lui donner la main, &
dans le tems que son hon-
neur & le mien demandent
la déclaration de notre mariage, j'apprens qu'il est engagé avec une autre ; vous
voyez par l'aveu que je
vous fais, que je suis du
moins digne de votre pi-
tié, & j'ose encore vous
dire, ajoûta-t-elle, en ré-

pandant de nouveau des
larmes, que fi le fond de
mon cœur vous étoit con-
nu, je le ferois de votre
eftime.

Oui, Madame, repliqua
le Marquis de la Valette,
il ne m'eft plus permis de
vous parler de mon amour,
mais je vais du moins vous
prouver mon eftime en vous
vengeant de l'indigne Comte de Blanchefort. Vous
m'eftimez, répondit Made-
moifelle d'Effei, & vous
me propofez de me venger

d'un homme à qui j'ai donné ma foi. Ha ! Mademoiselle, dit le Marquis de la Valette avec une extrême douleur, vous l'aimez ; l'amour seul peut retenir une vengeance aussi légitime que la vôtre.

Je vous l'ai déja dit, repliqua-t-elle, & peut-être vous l'ai-je trop dit, la raison seule & les conseils de Madame de Polignac m'avoient déterminée ; mais la trahison du Comte de Blanchefort ne m'affranchit pas

de mes devoirs, il fera pere
de cette miférable créature
dont je ferai la mere ; &
pourrois-je ne pas refpecter
fes jours , & pourrois - je
auffi me réfoudre à expofer
les vôtres! Adieu, Monfieur,
lui dit-elle encore, le Ciel
fera peut-être touché de
mon innocence & de mon
malheur, c'eft à lui de me
venger fi je dois l'être ;
mais ne me voyez plus, &
laiffez-moi jouir de l'avantage de n'avoir à pleurer
que mes malheurs, & non

pas

pas rougir de mes foibleffes.

Monfieur de la Valette,
que l'admiration & la pitié
la plus tendre attachoient
encore plus fortement à
Mademoifelle d'Effei , ne.
s'en fépara qu'avec la plus
fenfible douleur : ce qu'il
m'en coûte pour vous obéïr,
lui dit-il en la quittant , mérite du moins que vous dai-
gniez vous fouvénir, que le
pouvoir que vous avez fur
moi , eft fans bornes.

Elle n'en étoit que trop

II. Partie. N

perſuadée pour ſon repos :
je ſuis la ſeule au monde,
diſoit-elle à Madame du
Paraclet, pour qui la fidélité d'un homme, tel que le
Marquis de la Valette, ſoît
un nouveau malheur : tous
mes ſentimens ſont con-
traints, ajoutoit-elle, je
n'oſe ni me permettre de
haïr, ni me permettre d'aimer.

Elle reſta dans cette maiſon auſſi, long-tems qu'il
falloit, pour cacher ſon
malheureux état. Elle écri-

vit encore à Monſieur de Blanchefort : elle lui manda la naiſſance d'un garçon dont elle étoit accouchée : toutes ſes répugnances céderent à ce que l'intérêt de cet enfant demandoit d'elle : rien ne fut oublié dans cette Lettre pour exciter la pitié de Monſieur de Blanchefort ; & tout fut inutile. Non-ſeulement il ne lui fit aucune réponſe, il ne daigna pas même s'informer où elle étoit.

Mademoiſelle d'Eſſei ,

quoique ce procedé l'accablât de la plus vive douleur, ne laiſſa pas de ſoutenir le perſonnage de ſuppliante pendant près de ſix mois que ſon fils vécut ; mais dès qu'elle l'eut perdu, elle écrivit à Monſieur de Blanchefort ſur un ton différent. Voici ce que contenoit cette Lettre.

LETTRE.

» L A mort de mon fils
» rompt tous les liens
» qui m'attachoient à vous :
» je n'ai rien oublié pour

» lui sauver la honte, que
» vous ayez attachée à sa
» naiſſance. Voilà le motif
» des démarches que j'ai fai-
» tes , & que j'ai faites ſi
» inutilement. Je ſouhai-
» te que le repentir faſſe
» naître en vous la vertu,
» dont vous ſçavez ſi bien
» affecter les dehors , tandis
» que le fond de vôtre
» cœur cache des vices ſi
» odieux.

Après avoir écrit cette
Lettre , Mademoiſellé d'Eſſei ſe crut libre , & ſe diſ-

posa à prendre le Voile dans l'Abbaye du Paraclet. A peine y avoit-il deux mois qu'elle étoit dans le Noviciat, quand la femme qui l'avoit autrefois amenée dans cette Maison, y vint avec un homme que son air & une Croix de l'Ordre de Malthe annonçoient pour un homme de Condition.

Ils demanderent à Madame l'Abbesse des nouvelles de la jeune fille, appellée Mademoiselle d'Essei, qu'on avoit remise entre ſes mains il y avoit douze ans. Elle eſt dans cette Maiſon, répondit l'Abbeſſe, & l'intention de ſes parens a été remplie, elle eſt Religieuſe. Ah! s'écria cet homme, il faut qu'elle quitte le Cloître, qu'elle vienne conſoler une mere de la perte d'un mari & d'un fils unique, & jouir du bien que la mort de ſon frere lui laiſſe, & qui la rend une des plus grandes & des plus riches héritieres de France. Permettez, dit-il à Madame

N iiij.

du Paraclet, que je puiſſe
là voir & lui parler, la
qualité de ſon oncle m'en
donne le droit.

On alla chercher la jeu-
ne Novice, & dès qu'elle
parut, ſon oncle s'empreſſa
de lui apprendre qu'elle
étoit fille du Duc de Joyeuſe ; que l'envie de rendre
ſon frere un plus grand Sei-
gneur, avoit engagé ſon
pere & ſa mere à lui ca-
cher ſa naiſſance, & à la
faire élever dans un Cloître, où l'on vouloit qu'elle

se fit Religieuse ; mais qu'il sembloit que le Ciel eût pris plaisir à confondre des projets aussi injustes ; que ce frere à qui on l'avoit sacrifiée, étoit mort ; que son pere ne lui avoit survécu que de peu de jours. J'ai été témoin de son repentir, dit Monsieur le Bailly de Joyeuse, & suis dépositaire de ses dernieres volontés. Venez, continuat-il en s'adressant à sa niéce, prendre possession des grands biens, dont vous êtes la seule héritiere. Oubliez , s'il vous est possible , l'inhumanité qu'on a exercée envers vous , & à laquelle je me serois opposé de toute ma force , si j'en avois eu le moindre soupçon.

Ce que vous m'apprenez, Monsieur , dit Mademoiselle de Joyeuse , ne changera en moi que mon nom : rien ne sçauroit m'obliger à rompre les engagemens que j'ai pris. Vous n'avez point encore d'engagement, reprit M. le Bailly, puifque vous n'avez pas prononcé vos Vœux : les Vœux, repliqua Mademoifelle de Joyeufe, m'engageroient avec les autres, mais le Voile que je porte, fuffit pour m'engager avec moi-même.

Les raifons & les prieres de Monfieur le Bailly, ne purent ébranler la réfolution de Mademoifelle de Joyeufe. Sans fe plaindre de fa mere, elle repréfentoit avec douceur, & cependant avec force , que la manière dont elle avoit été traitée , la difpenfoit de l'exacte obéiffance. Mada-me du Paraclet, à qui Mon-fieur le Bailly eut recours, étoit trop inftruite des mal-heurs de Mademoifelle de Joyeufe, & de fa façon de penfer , pour laiffer quel-que efpérance à Monfieur le Bailly. Après quelques jours de féjour au Paraclet, pendant lefquels Mademoi-felle de Joyeufe prit con-noiffance des biens , dont elle avoit à difposer , le Bailly partit pour aller annoncer à Madame de Joyeufe , la réfolution de fa fille , & l'impoffibilité de la faire changer.

Cependant , la Lettre qu'elle avoit écrite au Comte de Blanchefort , avoit non - feulement fait naître fon repentir , mais lui avoit redonné tout fon amour. Il avoit crû jufques - là , qu'elle reviendroit à lui , dès qu'il le voudroit. La certitude , au contraire ,

d'être haï , méprifé ; les
reproches qu'il fe faifoit d'a-
voir perdu , par fa faute ,
un bien dont il connoiffoit
alors tout le prix , lui fai-
foient prefque perdre la raifon. Son mariage avec la
fœur du Connétable n'avoit
pas eu lieu : rien ne l'empê-
choit d'aller confirmer fes
engagemens avec Made-
moifelle d'Effei : il fe flattoit quelquefois , que les
mêmes raifons, qui les lui
avoient fait accepter , les
lui feroient accepter en-

core , & qu'elle ne refif-
teroit point à la fortune &
au rang , qu'il pouvoit lui
donner.

Il partit pour le Para-
clet , dans la réfolution de
mettre tout en ufage , jufqu'à la violence même ,
pour fe reffaifir d'un bien ,
fur lequel il croyoit que la
vivacité de fon amour lui
avoit rendu fes droits. Quel
nouveau fujet de defefpoir !
quand il fçut la véritable
condition de Mademoi-
felle d'Effei, & l'engagement

qu'elle avoit pris : fa douleur étoit fi forte & fi véritable , que Madame du
Paraclet , qui lui avoit
annoncé des nouvelles fi
accablantes, ne put lui refufer quelque pitié , & ne
put fe défendre de parler
à Mademoifelle de Joyeu-
fe. Obtenez de grace , lui
difoit - il , qu'elle daigne
m'entendre : fa vertu lui
parlera pour moi : elle fe
reffouviendra de nos engagemens : elle ne voudra
point m'expofer & s'expo-
fer

ser elle-même aux effets de mon désespoir.

La perfidie du Comte de Blanchefort, répondit Mademoiselle de Joyeuse, quand Madame du Paraclet voulut s'acquitter de sa commission, m'a affranchie de ces engagemens, qu'il ose reclamer : je ne crains point les effets de son désespoir : qu'il rende, s'il en a la hardiesse, mon avanture publique : ma honte sera ensevelie dans cette Maison ; & j'aurai moins de

II. Partie. O

peine à la foutenir, que je
n'en aurois de voir & d'entendre un homme, pour qui
j'ai la plus jufte indignation,
& le plus profond mépris.

Ces premiers refus ne
rebuterent point Monfieur
de Blanchefort : il mit tout
en ufage pour parler à Mademoifelle de Joyeufe , &
n'ayant pû y réuffir , il at-
tendit , caché dans une maifon du bourg, le tems où
elle devoit prendre les derniers engagemens , réfolu
d'y mettre obftacle ; mais

lorfqu'elle parut avec le
Voile qui la couvroit ; qu'il
apperçut le drap mortuaire,
fous lequel elle devoit être
mife ; qu'il fe repréfenta ,
que c'étoit lui , que c'é-
toient fes perfidies qui l'a-
voient contrainte à s'enfe-
velir dans un Cloître ; que
cet état , peut-être fi contraire à fon inclination , lui
avoit paru plus doux , que
de vivre avec lui ; il fe fentit pénétré d'une douleur fi
vive,& fut fi peu maître de la
cacher , qu'on l'obligea de
fortir de l'Eglife.   O ij

Monſieur le Vicomte de Polignac, neveu de Madame l'Abbeſſe , qui étoit préſent, le mena dans l'appartement des Etrangers : ſon déſeſpoir étoit ſi grand, qu'il fallut le ſauver de ſa propre fureur. Enfin , après bien de la peine , il obéit à l'ordre de partir qu'on lui donna de la part de Madame de Joyeuſe, & ſe retira dans une de ſes Terres, occupé uniquement de ſon amour & du bien qu'il avoit perdu : une maladie

de langueur termina au
bout de quelques mois fa
vie & fes peines.

Cependant la fcène qui
s'étoit paffée dans l'Eglife,
fi nouvelle pour les Reli-
gieufes , excita leur mur-
mure : les plus acréditées
repréfenterent à Madame
du Paraclet, qu'un éclat de
cette efpéce demandoit que
Mademoifelle de Joyeufe
fût examinée de nouveau,
& que la Profeffion fût dif-
férée : il fallut fe foumettre
à cette condition : le tems

qu'on avoit demandé pour
cet examen n'étoit pas encore écoulé, quand Mon-
sieur de la Valette arriva au
Paraclet : le changement de
fortune & d'état de Made-
moiselle de Joyeuse, ne lui
avoit pas été long-tems
caché : si par respect pour
elle, il s'étoit soumis à l'ordre qu'elle lui avoit donné,
de renoncer à la voir ; il
n'en avoit pas été moins
attentif & moins sensible
pour elle : quoiqu'il n'eût
conservé aucune espéran-

ce, il n'avoit cependant jamais envifagé l'horreur d'une féparation éternelle : cette idée fe préfenta à lui pour la premiére fois, lorfqu'il fçut que Mademoifelle de Joyeufe avoit pris le voile.

Il courut à l'Abbaye du Paraclet. Mademoifelle de Joyeufe ne put fe réfoudre à le traiter, comme elle avoit traité Monfieur de Blanchefort : elle vint au Parloir où il l'attendoit : ils furent affez long-tems

fans avoir la force de parler ni l'un ni l'autre : le
Marquis de la Valette fuf-
foqué par fes larmes &
par fes fanglots, après avoir
confidéré Mademoifelle de
Joyeufe prefque enfevelie
dans l'habillement bifarre,
dont elle étoit révêtue, ref-
toit immobile fur la chaife
où il étoit affis. Je n'aurois
pas dû vous voir, dit enfin
Mademoifelle de Joyeufe.
Ah! s'écria le Marquis, que
vous me vendez cher cette
faveur; je mourrai, oui je
mourrai

mourrai à vos yeux, fi vous
perfiftez dans cette réfolution. Mes malheurs, repliqua
Mademoiſelle de Joyeuſe,
ne m'ont pas laiſſé le choix
de ma deſtinée ; il faut vivre dans la ſolitude, puiſ-
que je ne ſçaurois plus me
montrer dans le monde
avec honneur. Eh ! pour-
quoi, dit Mr. de la Valette,
vous faire cette cruelle ma-
xime ? Pourquoi vous punir
de ce que le Comte de
Blanchefort eſt le plus ſcé-
lérat des hommes ? Il n'en

II. Partie   P

coûte guére, repliqua Mademoiselle de Joyeuse, de quitter le monde, quand on ne peut y vivre avec ce qui nous l'auroit fait aimer.

Que me faites-vous envisager, s'écria le Marquis de la Valette! Serois-je en même tems le plus heureux & le plus malheureux des hommes! Non, pourſüivit-il, en la regardant de la maniére la plus tendre, je ne renoncerai point à des prétentions, que votre cœur ſemble ne pas dédaigner.

J'avoue, repliqua Mademoiselle de Joyeuse, que si je
l'avois écouté, il n'eût parlé que pour vous : il faut
vous avouer plus, ajoûta-
t-elle, ce fut pour me venger de vous, dont je croiois
avoir été trompée ; que je
me précipitai dans l'abîme
des malheurs, où je suis tom-
bée. Accordez-moi donc,
interrompit le Marquis de
la Valette, la gloire de les
réparer : c'est assez pour
moi, repliqua Mademoiselle
de Joyeuse, que vous ayiez

pu en concevoir l'idée ; mais j'en ferois bien indigne, si j'étois capable de m'y préter. Quand ma funeste avanture feroit ignorée de toute la terre, quand j'aurois une certitude entiére, que vous l'ignoreriez toujours ; il me suffiroit de la fçavoir ; il me suffiroit de la néceffité où je ferois de vous cacher quelque chofe, pour empoifonner le repos de ma vie.

Ah! dit le Marquis de

la Valette avec beaucoup
de douleur, je me suis flatté
trop légérement ; & vous-
même, vous vous êtes trompée ; vous avez cru me
vouloir quelque bien, feulement parce que je ne vous
fuis pas auffi odieux que Mr.
de Blanchefort. Il feroit à
fouhaiter pour mon repos,
reprit-elle, que je fuffe telle
que vous le penfez : croiez
cependant que l'oubli des
injures que j'ai reçûes, n'eft
pas le feul facrifice que j'aie
à faire à Dieu en me don-

nant à lui. Il faut, ajouta-
t elle, finir une conversation trop difficile à soutenir pour l'un & pour l'autre.
Adieu, Monsieur, je vais
faire des vœux au Ciel pour
votre bonheur ; souvenez-
vous quelquefois à quoi
j'eusse borné le mien.

Elle sortit en prononçant
ces paroles, & laissa le Marquis de la Valette dans un
état plus aisé à imaginer,
qu'à représenter. Madame
du Paraclet, que Mademoi-
felle de Joyeuse en avoir

priée, vint pour remettre
quelque calme dans son el-
prit : il ne fut de long-tems
en état de lui répondre :
ses actions, ses difcours fe
reffentroient du trouble de
fon ame : il vouloit voir
Mademoifelle de Joyeufe :
il vouloit lui parler encore
une fois : je ne lui demande, difoit-il, que quelque
délai ; je me foumettrai enfuite à tout ce qu'elle voudra m'ordonner.

La fenfibilité que Made-
moifelle de Joyeufe s'étoit

P iiij

trouvée pour Mr. de la Valette, la preſſoit, au contraire, de ſe donner à elle-
même des armes contre ſa
propre foibleſſe: de grace,
dit-elle à Madame du Pa-
raclet, obtenez du Marquis
qu'il me laiſſe travailler à
l'oublier; obligez-le de s'é-
loigner : ce qu'il m'en coûte, ajoûta-t-elle, pour le
vouloir, ne le dédommage
que trop.

Monſieur de la Valette
ne pouvoit ſe réſoudre à
ce départ auquel on le con-

damnoit ; mais Madame du
Paraclet lui repréſenta avec
tant de force, la peine qu'il
faiſoit à Mademoiſelle de
Joyeuſe, & l'inutilité de ſa
réſiſtance, qu'il ſe vit contraint d'obéir : toujours occupé de ſon amour & de
ſes regrets, il paſſa deux
années dans une de ſes terres, & ne retourna à la Cour
que lorſque la néceſſité de
remplir les fonctions de ſa
charge l'y obligea.

Mademoiſelle de Joyeu-
ſe, qui, en prononçant ſes

voeux, avoit pris le nom d'Eugénie, eut peu de tems après la douleur sensible de perdre Madame l'Abbesse du Paraclet : il ne lui fut plus possible, après cette perte, de rester dans un lieu où tout la lui rappelloit : elle obtint de venir à Paris dans l'Abbaye de Saint Antoine : les arrangemens qu'elle avoit pris en disposant de son bien, la mirent en état d'y être reçue avec empressement.

Mr. le Marquis de la Va-

lette, après son retour à la
Cour, apprit qu'elle y é-
toit, & lui fit demander la
permission de la voir. Soit
effectivement, que le tems,
l'absence & la perte de toute espérance eussent pro-
duit sur lui leur effet ordinaire, ou qu'il eut la force
de se contraindre ; il ne
montra à Eugénie que les
sentimens qu'elle pouvoit
recevoir. Le commerce qui
s'établit dès-lors entr'eux,
leur a fait goûter à l'un &
l'autre, les charmes de la

plus tendre & de la plus foli-
de amitié. Eugénie a voulu
en vain le déterminer à fe
marier ; il lui a toujours ré-
pondu qu'il vouloit fe garder
tout entier pour l'amitié.

Vous voyez, me dit Eu-
génie, quand elle eut achevé de me conter fon hif-
toire, que fi les malheurs
que l'on a éprouvés dans
le monde, étoient une fû-
reté pour trouver de la tranquilité & du repos dans
la retraite, perfonne n'avoit

plus de droit de l'efpérer
que moi : j'avoue cependant, à la honte de ma
raifon, qu'elle m'a fouvent
mal fervie, & que mes regards fe font plus d'une fois
tournés vers ce monde, où
j'avois éprouvé tant de différentes peines.

Puifque mes avantures,
dis-je, ne font pas ignorées,
le mariage ne fçauroit être
pour moi qu'une fource de
peines. Eugénie me répondit, que le Préfident l'avoit
prévenue fur cet article ;

qu'il ne demandoit de ma
part qu'une entiére fincérité : la vérité eft auprès de
lui prefque de niveau avec
l'innocence ; d'ailleurs vous
n'avez rien à avouer qui
bleffe l'honneur.

Je n'étois pas auffi per-
fuadée qu'elle, de l'indulgence du Préfident d'Hac-
queville : je ne pouvois
croire, qu'il voulût d'une
femme, qui avoit pouffé
auffi loin le mépris de toute
forte de bienféance : je me
flattois que l'aveu que j'en

ferois, le dégoûteroit de
m'époufer ; & que fans qu'il
y eût de ma faute, ce ma-
riage (dont je ne pouvois
m'empêcher de fentir les
avantages , & pour lequel
j'avois cependant tant de
répugnance) fe trouveroit
rompu.

Il falloit ne guére con-
noître le cœur humain, pour
concevoir une pareille pen-
fée. Les malheurs, les tra-
hifons qu'une jolie femme
a éprouvées, ne la rendent
que plus intéreffante : les

miens d'ailleurs, n'étoient
qu'une fuite de ma bonne
foi, & en peignant mon
cœur fi tendre, fi fenfible,
je ne fis qu'augmenter le
defir de s'en faire aimer, &
j'en fis naître l'efpérance.
Le Préfident d'Hacqueville
m'écoutoit avec une attention, où il étoit aifé de dé-
mêler le plus tendre intérêt;
& lorfque je voulois donner
à mes folies leur véritable
nom, il me les juftifioit à
moi-même. Toute autre
auroit fait ce que j'avois
fait,

fait, se seroit conduite comme moi; il faisoit plus que de me le dire, il le pensoit.

J'eus avec lui plusieurs conversations de cette es-péce, qui durent le con-vaincre de ma franchise. Je fus convaincue aussi que j'étois aimée, comme je pouvois désirer de l'être. Mon esprit étoit persuadé, mais il s'en falloit beaucoup, que mon cœur fût touché. Eugénie & le Commandeur de Piennes, ne cessoient

II. Partie. Q

de me dire, qu'il fuffifoit, quand on étoit honnête perfonne, d'eftimer un mari ; mais fans le dépit & la jaloufie dont j'étois animée, leurs raifons euffent été fans fuccès.

Un homme de confiance que j'avois envoyé à Francfort, il y avoit déja quelque tems , revint alors : j'appris de lui, que la femme de Barbafan étoit allée le joindre ; qu'elle avoit amené avec elle l'enfant dont elle étoit accouchée;

& qu'il n'avoit pas été poſſible de découvrir le lieu où ils s'étoient retirés.

Cette attention de ſe cacher, ne pouvoit regarder que moi. Je crus qu'on craignoit de ma part quelque trait de paſſion, pareil à mon voyage de Francfort. Je voulois ôter à mon ingrat une crainte ſi humiliante : je voulois, quelque prix qu'il pût m'en coûter, le convaincre qu'il n'étoit plus aimé : je me figurois encore, qu'il ſentiroit ma

perte, dès qu'elle devien-
droit irréparable. Voilà ce
qui me déroba la vue du
précipice où j'allois me jetter , & qui m'arracha le
consentement qu'on me
demandoit.

Mon courage se soutint
assez bien pendant le peu
de jours, qui précéderent
mon mariage. Si je n'étois
pas gaye , je ne montrois
du moins aucune apparen-
ce de chagrin. Monsieur
d'Hacqueville étoit com-
blé de joie , & me pei-

gnoit sa reconnoissance, de façon à augmenter celle que je lui devois.

Mais quel changement produisit en moi ce oui terrible, ce oui qui me séparoit pour jamais de ce que j'aimois ! Que devins-je , grand Dieu ! quand je me vis dans ce lit , que mon mari alloit partager avec moi, toutes mes idées furent bouleversées. Je me trouvois seule coupable , je trahissois Barbasan. Si je l'a-vois bien aimé , aurois-je

dû m'autorifer de fon exem-
ple ; il pouvoit revenir à
moi : je m'ôtois le plaifir
de lui pardonner, je m'ôtois
du moins celui de penfer
à lui, de l'aimer fans crime. Etois - je digne de la
tendreffe de M. d'Hacque-
ville ? N'étoit - ce pas le
tromper , que de l'avoir
époufé, le cœur rempli de
paffion pour un autre ?

Après avoir renvoyé
tous ceux qui étoient dans
la chambre, il me deman-
da la permiffion de fe met-

tre au lit. Mes larmes &
mes fanglots furent ma premiere réponfe. L'état où
vous me voyez, lui dis-je
enfin; ne vous apprend
que trop ce qui fe paffe
dans mon cœur. Ayez
compaffion de ma malheu-
reufe foibleffe, n'exigez
point ce que je n'accorde-
rois qu'au devoir, laiffez à
mon cœur le tems de re-
venir de fes égaremens. Je
fuis trop pleine d'eftime &
d'amitié pour vous, pour
n'en pas triompher.

Que me demandez-vous, Madame, s'écria mon mari ! Comprenez - vous le supplice auquel vous me condamnez ? Il se tut après ce peu de mots : nous restâmes tous deux dans un morne silence. Je l'interrompis après quelques momens pour lui demander pardon. C'est à moi, Madame, me dit - il, à vous le demander , je vous ai forcée par mes importunités , à vous faire à vous-même la contrainte la plus affreuse.

affreufe. J'en fuis bien puni,
ne craignez rien de ma
part; je ne ferai du moins
jamais votre tyran; je vous
prie feulement, ajouta-t-il,
en fe levant pour paffer dans
un cabinet, & je vous en prie
pour votre intérêt, plus que
pour le mien; de dérober
à tout le monde la con-
noiffance de ce qui vient de
fe paffer entre nous. Cette
précaution n'étoit pas néceffaire, ma conduite me
paroiffoit à moi-même fi
blâmable, que je n'étois

II. Partie. R

nullement tentée d'en parler.

Je paſſai la nuit à me
repentir, & à m'applaudir
de ce que je venois de faire. Je connoiſſois mon inju-
ſtice ; je me la reprochois ;
mais je ne pouvois m'empêcher de ſentir une ſecrette
joie d'avoir donné au Comte de Barbaſan une mar-
que d'amour, que j'euſſe
pourtant été deſeſperée
qu'il eût pû ſçavoir.

Monſieur d'Hacqueville
ſortit de ma chambre ſur le

matin , & me dit feulement
qu'il me confeilloit de fein=
dre d'être malade , pour lui
donner un prétexte de re-
prendre fon appartement.
Cette feinte indifpofition
nous expofa à beaucoup de
plaifanteries. Enfin , après
quelques jours nous fumes
traités comme de vieux
mariés , & l'on ne prit plus
garde à nous.

A l'exception d'un feul
point , je mettois tout en
ufage pour contenter Mon=
fieur d'Hacqueville. Tous fes

amis devinrent bientôt les
miens : je me conformois à
tous fes goûts ; mes foins,
& mes attentions ne fe dé-
mentoient pas un moment ;
mais nos tête-à-tête étoient
difficiles à foutenir , nous
trouvions à peine quelques
mots à nous dire. Monfieur
d'Hacqueville me regar-
doit, foupiroit, & baiffoit les
yeux : il commençoit fou-
vent des difcours qu'il n'o-
foit achever : il me ferroit les
mains , il me les baifoit, il
m'embraffoit quand nous

nous féparions, avec une
tendreffe qui me difoit ce
qu'il n'ofoit me dire.

Je fentois qu'il n'étoit
point heureux, & j'en a-
vois honte ; je me repro-
chois fans ceffe de faire le
malheur de quelqu'un, qui
n'étoit occupé que de faire
mon bonheur, & quel ob-
ftacle encore s'oppofoit à
mes devoirs ! Une paffion
folle, dont mon amour propre feul auroit dû triom-
pher ! La trifteffe où Monfieur d'Hacqueville étoit

plongé ; l'effort généreux
qu'il faifoit pour me la cacher, excitoient ma pitié ;
& m'attendriffoient enco-
re. L'eftime, l'amitié, la re-
connoiffance me compo-
foient une forte de fentiment qui me fit illufion, &
à force de vouloir l'aimer,
je me perfuadois que je l'aimois ; je defirois fortir de
l'état de contrainte où nous
étions l'un & l'autre. Je lui
avois d'abord parlé fans
beaucoup de peine, du
penchant malheureux qui

m'entraînoit vers Barbafan; quand je crus en avoir triomphé, je me trouvai embarraffée de le lui dire.

Nous avions paffé l'Automne dans une maifon de campagne, que mon mari, toujours occupé de me plaire, avoit achetée feulement parce que j'en avois loué la fituation. Comme elle étoit à peu de diftance de Paris, nous y avions toujours beaucoup de monde. J'en étois fouvent importunée; c'étoit, de plus,

un obstacle au dessein qui
me rouloit dans l'esprit,
& que la mélancolie de
mon mari me pressoit
d'exécuter.

Enfin, quelques jours a-
vant celui où nous avions
fixé notre retour à Paris,
nous nous trouvâmes seuls.
J'étois restée dans ma chambre pour quelque legere in-
disposition, il vint m'y
trouver,& s'assit au pied d'u-
ne chaise longue, où j'étois
couchée.

Mon Dieu, lui dis-je,

que le monde est quelque-
fois importun ! Je ne sçai
si vous êtes comme moi,
mais j'avois besoin d'un peu
de solitude. Que ferons-
nous de cette solitude, me
répondit Monsieur d'Hac-
queville ? & tombant tout
de suite à mes genoux : Je
vous adore, ma chere Pau-
line, poursuivit - il, vous
connoissez mon cœur, vous
sçavez si je connois le prix
du vôtre. Serai-je toujours
malheureux ! Je baissai les
yeux. Mon mari prit ma

main, la baifa, & la mouil-
la de quelques larmes. Je
n'étois pas éloignée d'en
répandre. Me pardonne-
rez-vous, lui dis-je? Mon
mari ne me répondit que
par les tranfports les plus
vifs. Ses careffes n'étoient
interrompuës que pour me
rendre de nouvelles gra-
ces.

Après s'être mis en pof-
feffion de tous fes droits,
il m'en demandoit encore
la permiffion ; il eût bien
voulu partager mon lit ;

mais comme c'étoit une
nouveauté pour mes fem-
mes, je ne pûs m'y réfou-
dre, & mon mari voulut
bien fe prêter aux précau-
tions, que j'exigeois pour
cacher notre commerce.
Ce myftére qui laiffoit toujours à Monfieur d'Hacqueville quelque chofe à dé-
firer, foutenoit la vivacité
de fa paffion, & lui don-
noit pour moi ces atten-
tions, ces foins qui ne
font mis en ufage que par
les Amans, & dont ils fe

dispensent même bien vîte,
quand ils se croient aimés.

A notre retour, Eugénie
que nous voyons presque
tous les jours , remarqua
avec plaisir la joie & la satisfaction de M. d'Hacqueville. Je n'étois pas de même : mais je n'avois plus ce
trouble & cette inquiétude,
dont on ne se délivre ja-
mais entierement , quand
on s'écarte de ses devoirs.
Enfin , je faisois ce que je
pouvois pour me trouver
heureuse , & je l'étois au-

tant qu'on peut l'être par
la raison.

Notre maison de campa-
gne avoit acquis de nou-
veaux charmes pour Mon-
sieur d'Hacqueville , il voulut y retourner dès le commencement de la belle sai-
son. Quelques arrangemens
domestiques m'obligerent à
le laisser partir seul.

Le lendemain de son
départ je reçus un billet par
le Curé de notre Paroisse.
On me prioit , au nom de
Dieu , de venir dans un

endroit qu'on m'indiquoit ;
on ajoutoit qu'on avoit des
chofes importantes à me
dire, & qu'il n'y avoit point
de tems àperdre. Le Curé,
homme d'honneur, s'offrit
de me conduire. Ce billet,
& ce qu'il contenoit, me
donnerent une telle émo-
tion, que je n'eus pas l'affu-
rance de demander à mon
Conducteur l'éclairciffe-
ment de cette avanture.

Dès ce que je fus entrée
dans la chambre où il me
mena, & à portée du lit,

une personne qui y étoit
couchée, fit un effort pour
se mettre sur son séant : Je
vous demande pardon, Ma-
dame, me dit - elle d'une
voix foible & tremblante,
d'oser paroître devant vous :
je suis cette malheureuse qui
vous ai causé tant de peines : c'est moi, qui vous ai
séparée de ce que vous aimiez ; c'est moi, qui ai causé les malheurs de l'un &
de l'autre ; & c'est moi, qui
cause son éloignement, &
peut-être sa mort ; mais l'é-

tât où je suis vous demandé grace. Ayez pitié de
moi, daignez adoucir l'a-
mertume de mes derniers
momens, par un pardon
généreux. J'ose plus encore, j'ose implorer votre bon-
té pour une misérable créature ; c'est le fruit de mon
crime ; mais c'est l'enfant
de celui que vous avez aimé, & ma mort va le laiſ-
ſer ſans aucun ſecours.

Les larmes que cette fem-
me répandoit en abondan-
ce, l'empêchèrent de con-
tinuer.

tinuer. Je suis naturellement bonne, & j'eusse été
sensiblement touchée de
l'état où je la voyois, si un
vif sentiment de jalousie
n'eût étouffé tout autre sentiment. Cet étalage de tout
ce qu'elle avoit fait contre
moi, le pardon qu'elle me
demandoit, étoient une
nouvelle injure ; je m'en
sentois humiliée.

Le bon Ecclésiastique,
qui n'avoit garde de péné-
trer ce qui se passoit dans

II. Partie. S.

mon cœur, m'exhortoit a-
vec tout le zèle que la
charité lui infpiroit, d'a-
voir pitié, & de la mere,
& de l'enfant. L'un & l'autre, dis-je enfin, n'ont aucun befoin de moi. Mada-
me Barbafan, ajoutai-je,
a des titres pour demander
la reftitution des biens de
fon mari. Hélas ! Madame,
s'écria douloureufement
cette perfonne, je ne fuis
point fa femme : vous ne
l'êtes point, lui dis-je, avec
beaucoup de furprife? Non,

Madame , je vois ce qui
vous a donné lieu de le
croire. Ecoutez-moi un moment, je vous dois à vous,
Madame , & à Monſieur de
Barbaſan, l'aveu de ma honte. Qu'importe ce que j'en
ſouffrirai , mes peines ne
méritent pas d'être con-
tées ; elles ne ſont que trop
duës à mes folies.

Je ſuis fille du Geolier, «
à qui le ſoin des priſons «
du Châtelet étoit commis. «
Ma mere, qui mourut en «

„ accouchant de mon frere
„ & de moi, n'avoit point
„ laiffé d'autre enfant à mon
„ pere : la reffemblance, affez
„ ordinaire entre les jumeaux,
„ étoit fi parfaite entre nous ,
„ qu'il falloit , pour nous re-
„ connoître dans notre pre-
„ miere enfance, nous don-
„ ner quelque marque parti-
„ culiere : & dans un âge
„ plus avancé , ceux qui n'y
„ regardoient pas de bien
„ près, y étoient encore trom-
„ pés.

„ Une petite partie de fo-

ciété nous avoit engagés à "
prendre les habits l'un de "
l'autre, le jour que Mon- "
sieur de Barbaſan fut con- "
duit au Châtelet. Mon pe- "
re, qui me trouva la pre- "
miere, m'ordonna d'aller "
avec lui, conduire le pri- "
ſonnier dans la chambre, "
qui lui étoit deſtinée : je "
m'apperçus, quand nous y "
fumes, qu'il y avoit quel- "
ques marques de ſang ſur "
ſes habits : je lui demandai, "
avec inquiétude, s'il n'é- "
toit point bleſſé. Il ne l'é- "

„ toit point , & j'en sentis
„ de la joie. Son air noble ,
„ sa phisionnomie , les gra-
„ ces répandues sur toute sa
„ personne , firent , dès ce
„ moment , leur impression
„ sur moi.

„ Quelle différence de la
„ nuit qui suivit, avec toutes
„ celles que j'avois passées
„ jusques-là ! J'étois dans une
„ agitation , que je prenois
„ pour l'effet de la simple
„ pitié. Hélas ! si j'avois con-
„ nu quel sentiment s'éta-
„ blissoit dans mon cœur ;

peut-être aurois-je eu la «
force de le combattre, & «
d'en triompher. J'obtins le «
lendemain de mon frere, «
que j'irois, à sa place, ser- «
vir le prisonnier. «

Je devançai le tems, où «
le nouveau venu devoit «
être interrogé, pour lui «
offrir mes soins : la tristesse, «
dont il étoit accablé, se «
répandoit dans mon ame. «
Je n'ai guère passé d'heure «
plus agitée, que celle que «
dura son interrogatoire : il «
sembloit, que le péril me «

,, regardoit. Les témoins , qui
,, lui étoient confrontés , me
,, paroiſſoient mes propres
,, ennemis. Chaque jour , cha-
,, que inſtant , ajoutoient à
,, ma peine. J'entendois dire
,, à mon pere , que je ne ceſ-
,, ſois de queſtionner , que
,, l'affaire devenoit très - fâ-
,, cheuſe , & que les ſuites ne
,, pouvoient en être que fu-
,, neſtes.

,, La maladie de Monſieur
,, de Barbaſan arrêta les pro-
,, cédures , ſans ralentir la hai-
,, ne de ceux qui vouloient
le

le perdre, & me fit éprou- ‟
ver une inquiétude encore ‟
plus cruelle, que celle où ‟
j'étois livrée. ‟

Je ne quittois presque ‟
point le malade : je n'avois ‟
pas même besoin, pour ce- ‟
la, d'user de déguisement : ‟
il faisoit si peu d'attention ‟
à moi, qu'à peine en étois- ‟
je apperçûe. Combien de ‟
larmes, le danger, où je le ‟
voyois, me faisoit-il répan- ‟
dre! Ce danger augmentoit ‟
encore mon attendrisse- ‟
ment, & ma passion en ‟

II. Partie.   T

„ prenoit de nouvelles forces,
„ Enfin, après avoir luté plu-
„ sieurs jours, entre la vie &
„ la mort; sa jeunesse, & la
„ force de son tempérament
„ le rétablirent.

„   Ce fut dans ce même
„ tems, qu'on fit des propo-
„ sitions pour la liberté du
„ prisonnier : l'établissement
„ dont mon pere jouissoit, lui
„ paroissoit préférable à une
„ fortune plus considérable,
„ pour laquelle il eût fallu
„ abandonner sa patrie, &
„ s'exposer même aux plus

grands périls; mais sa ten- «
dreffe pour mon frere & «
pour moi l'emporta: il céda «
à nos priéres & à nos im- «
portunités; & nous le dé- «
terminâmes enfin à ce qu'on «
fouhaitoit de lui: je n'avois «
point fait miftére à mon «
frere de ma paffion, je la «
lui avois montrée auffi vio- «
lente qu'elle étoit; bien fû- «
re que l'amitié qu'il avoit «
pour moi, l'engageroit à «
me fervir. «

Je lui avois perfuadé que «
j'étois aimée autant que j'ai- «

„ mois ; que Mr. de Barbafan
„ m'épouferoit, dès que nous
„ ferions en fûreté. Mon frere
„ étoit chargé d'accompa-
„ gner Mr. de Barbafan ; &
„ mon pere & moi devions
„ prendre une route différen-
„ te de la leur : au moment
„ du départ, mon frere con-
„ fentit à me donner fa pla-
„ ce ; la chofe étoit d'autant
„ plus facile, que nous ne
„ pouvions partir que la nuit ;
„ & qu'il avoit été réfolu en-
„ tre nous , que je fuivrois
„ mon pere avec des habits

d'homme : mon frere s'étoit “
chargé de lui apprendre, “
lorsqu'ils feroient en che- “
min, mon prétendu maria- “
ge. Je difois, que s'il en eût “
été inftruit plûtôt, il en eût “
parlé à Mr. de Barbafan, & “
lui eût par-là donné lieu de “
foupçonner que je me mé- “
fiois de lui. “

Comment vous peindre “
ce qui fe paffoit dans mon “
cœur ! mes allarmes fur la “
réuffite de notre entrepri- “
fe ; l'impatience d'en voir “
arriver le moment ; & la “

,, joie , que j'allois goûter,
,, d'être avec Mr. de Barba-
,, fan ; de ne partager avec
,, personne le plaifir de le fer-
,, vir : toutes ces différentes
,, penfées me donnoient un
,, trouble & une agitation,
,, peut-être plus difficile à
,, foutenir, qu'un état pure-
,, ment de douleur. Le mo-
,, ment marqué pour notre
,, fuite fut retardé par un
,, incident, qui faillit à me
,, faire mourir de frayeur.
,, J'étois déja dans la cham-
,, bre de Mr. de Barbafan , je

lui avois donné un habit de "
Religieux, à la faveur du- "
quel il pouvoit fortir, com- "
me s'il fût venu de con- "
feffer quelque prifonnier "
malade ; lorfque mon pere "
vint nous avertir qu'il avoit "
ordre de ne fe point cou- "
cher. Cet ordre, dont nous "
n'imaginions pas les motifs, "
nous fit craindre, que notre "
deffein n'eût été découvert, "
& nous jetta dans le defef- "
poir : nous en fumes heu- "
reufement quittes pour la "
peur : il ne s'agiffoit que "

» d'un prifonnier qu'on de-
» voit amener, cette même
» nuit : il arriva vers le mi-
» nuit ; & fon arrivée , qui
» occafionna plufieurs allées
» & venues dans la prifon,
» fervit encore à favorifer
» notre fuite.

»   Nous arrivâmes à Nanci
» fans aucune mauvaife ren-
» contre, & fans que Mr. de
» Barbafan eût le moindre
» foupçon de mon déguife-
» ment. Après quelques heu-
» res de repos, nous remon-
» tâmes à cheval : mon cher

maître (c'étoit le nom que "
je lui donnois, & que mon "
cœur lui donnoit encore "
plus que ma bouche) mou- "
roit d'impatience d'être à "
Mayence : l'empreffement "
qu'il eut de demander fes "
lettres, avant même que "
nous fuffions defcendus de "
cheval ; l'avidité avec la- "
quelle il lut & relut, celle "
que le caractére me fit ju- "
ger d'une femme ; tout cela "
me fit fentir mon malheur. "
Ce qui fe paffoit dans mon "
cœur, me donnoit l'expli- "

„ cation de ce que je voyois,
„ Mr. de Barbafan aimoit.

„ Combien de foupirs, com-
„ bien de larmes, cette cruelle
„ connoiffance me fit-elle ver-
„ fer ! La jaloufie, avec toutes
„ fes horreurs, vint s'emparer
„ de moi. J'accufois Mr. de
„ Barbafan d'ingratitude, pref-
„ que de perfidie : il auroit dû
„ deviner mes fentimens : il
„ auroit dû deviner ce que
„ j'étois : fe feroit-il mépris,
„ s'il n'avoit pas été prévenu,
„ pour une autre ? Pardonnez-
„ moi, Madame, je ne pou-

vois m'imaginer que cette "
autre eût fait autant pour "
lui. Mon pays abandonné, "
mon pere, mon frere, pour "
qui j'aurois donné ma vie "
dans d'autres tems, exposés "
aux plus grands dangers. "
Enfin, que n'avois-je point "
fait ! Hélas ! disois-je, je "
m'en tenois payée par l'es- "
pérance d'être aimée. Un "
moindre bien m'auroit sa- "
tisfait, il m'eût suffi qu'il "
n'eût eu pour personne les "
sentimens qu'il me refusoit. "
Il me passa plusieurs fois "

„ dans la tête de me jetter à

„ ses pieds, de répandre de-

„ vant lui les larmes que je

„ devorois en secret : mais un

„ reste de pudeur que je n'a-

„ vois pas encore perdue, me

„ retint.

„ Les bottes qu'il portoit,

„ & qui n'étoient pas faites

„ pour lui, l'avoient blessé si

„ fort, que nous fumes obli-

„ gés de séjourner plusieurs

„ jours à Mayence. Comme

„ les nouvelles qu'il atten-

„ doit, n'en étoient pas re-

„ tardées, Mr. de Barbasan

se résolut à se reposer. Je "
fus chargée deux jours après "
d'aller à la poste chercher "
ses lettres. Voici, Madame, "
où commencent mes tra- "
hisons; j'en trouvai deux, "
l'une de ce caractére à qui "
je voulois tant de mal, & "
l'autre de celui d'un homme. "
J'ouvris d'abord la premiere, "
ma curiosité étoit excitée "
par un intérêt trop pressant, "
pour pouvoir m'en défen- "
dre. J'en fus punie ; ce que "
je lus ne m'apprit que trop "
que celle qui l'avoit écrite, "

» méritoit d'être aimée, & je
» m'en déseperois. Je n'a-
» vois point encore pris mon
» parti de la suprimer : celle
» que j'ouvris ensuite m'y dé-
» termina.

»   Elle étoit d'un homme
» qui paroissoit votre ami,
» aussi-bien que celui de M.
» de Barbasan ; il l'exhortoit
» par honneur, par recon-
» noissance, par amour mê-
» me, de renoncer à vous.
» Voulez-vous, lui disoit-il,
» en faire une fugitive ? Vou-
» lez-vous qu'elle devienne

la femme d'un proscrit ? "
Soyez assez généreux pour "
vous laisser soupçonner "
de legereté. Nous fe- "
rons valoir, Madame, Eu- "
génie & moi, votre chan- "
gement, & nous tâcherons "
d'établir la tranquilité dans "
le cœur de quelqu'un à qui "
vous devez trop, pour ne "
pas lui rendre le repos, "
quelque prix qu'il puisse "
vous en couter. "

Cette lettre que je lus & "
relus, m'affranchit de tout "
scrupule. Bien loin de me "

,, repentir de ce que je ve-
,, nois de faire , je trouvai
,, que je rendois un très-
,, grand service à Monsieur
,, de Barbasan , de travailler
,, à le guerir d'une passion qui
,, ne pouvoit jamais être heu-
,, reuse. Le plus sûr moyen
,, étoit de suprimer toutes vos
,, lettres. Je commençai par
,, celle que je tenois ; il me
,, parut très-important , au
,, contraire , de lui rendre
,, celle de cet Ami que je re-
,, cachetai.

,, J'examinai avec une at-
,, tention

tention inquiéte, l'Impref- "
fion qu'elle faifoit fur lui. "
Helas! il ne pût la lire d'un "
œil fec ; fa douleur, fon ac- "
cablement furent fi extrê- "
mes, & j'en étois fi atten- "
drie, qu'il y avoit des mo- "
mens où j'érois tentée de "
lui rendre celle que je re- "
tenois : mais ma paffion, "
que je mafquois de l'inté- "
rêt même de Monfieur de "
Barbafan, m'arrêta, & m'af- "
fermit dans le projet que "
j'avois formé. Tous les pac- "
quets qui arriverent, furent "

II. *Partie.* V

,, fuprimés. Je ne laiſſai paſ-
,, fer que ceux de cet ami,
,, dont les conſeils étoient ſi
,, conformes à mes deſſeins,
,, Le chagrin de Monſieur
,, de Barbaſan aigrit ſon mal,
,, nous fûmes obligés de ſé-
,, journer à Mayence pen-
,, dant plusieurs mois. Nous
,, en partîmes enfin ; mais à
,, peine eûmes-nous fait deux
,, journées, que je me trouvai
,, hors d'état de pourſuivre le
,, voyage. La fiévre qui me
,, prit, fut d'abord ſi violen-
,, te, que Monſieur de Bar-

bafan par humanité & par «
un sentiment d'amitié, car «
il en a eu pour moi aussi «
long-tems qu'il a ignoré qui «
j'étois, s'arrêta au bourg où «
nous étions, avec d'autant «
moins de peine, que c'étoit «
le chemin des Couriers. «

Je fus plusieurs fois au «
moment d'expirer, mes rê- «
veries auroient découvert à «
Monsieur de Barbafan, & «
mon sexe, & mes senti- «
mens, s'il y avoit fait at- «
tention. Mais je crois qu'il «
les ignoreroit encore, si une «

V ij

„ femme , qu'on avoit mife
„ auprès de moi pour me fer-
„ vir , ne l'en eût inftruit. Les
„ foins qu'il faifoit prendre
„ de moi , firent croire à cet-
„ te femme que je lui étois
„ fort chere ; elle voulut fe
„ faire un mérite de garder
„ notre fecret. Monfieur de
„ Barbafan ne comprenoit
„ rien aux affurances, qu'elle
„ ne ceffoit de lui donner, de
„ fa difcrétion. Enfin , à for-
„ ce de queftions, il l'obli-
„ gea de lui parler clair. La
„ découverte d'une chofe ,

qui me perdoit d'honneur, "
l'affligea fenfiblement ; & "
autant que s'il avoit eu à fe "
la reprocher. Il réfolut dès "
que je ferois rétablie , de "
me chercher un mari , & de "
me mettre jufques-là dans "
un Couvent. "

A mefure que mon mal "
diminuoit , fes vifites furent "
plus courtes & moins fré- "
quentes ; j'en étois défefpe- "
rée, & n'ofois m'en plaindre "
d'autre façon, que par la joie "
que je lui marquois , lorf- "
que je le voyois. "

,, Quelques jours après que
,, j'eus quitté la chambre, il
,, me fit dire de paſſer dans
,, la ſienne ; cet ordre n'avoit
,, rien qui dût m'étonner, j'en
,, fus cependant troublée ; un
,, preſſentiment m'avertiſſoit
,, du malheur, qui me mena-
,, çoit. Que devins-je, Grand
,, Dieu ! lorſqu'après m'avoir
,, fait aſſeoir , & m'avoir dit
,, qu'il n'ignoroit plus ce que
,, j'étois , il finit par m'an-
,, noncer qu'il falloit nous ſé-
,, parer !

,, Ma douleur fut preſque

sans borne, quand j'enten- «
dis ce funeste arrêt. Pour- «
quoi, dis-je, a-t-on pris «
tant de soin de ma vie? «
Pourquoi m'a-t-on arrachée «
à la mort? c'étoit alors qu'il «
falloit m'abandonner ; je «
serois morte du moins avec «
la douceur de penser, que «
si vous eussiez connu mes «
sentimens, vous en auriez «
été touché, & j'ai au con- «
traire l'affreuse certitude que «
je vous suis odieuse. Pour- «
quoi, si vous ne me haïssez «
pas, vouloir que je vous «

b

„ quitte ? Pourquoi m'en-
„ vier le bonheur de rester
„ auprès de vous ? S'il faut
„ pour obtenir cette grace,
„ vous promettre que je ne
„ vous donnerai jamais au-
„ cune connoissance de mes
„ sentimens, que je me ren-
„ drai maitresse de mes ac-
„ tions, de mes paroles, je
„ vous le promets. Oui, je
„ vous aime assez, pour vous
„ cacher que je vous aime.
„ Le plaisir de vous voir,
„ d'habiter les mêmes lieux,
„ me suffira. Enfin, que ne

dis-

dis-je point ? Mais tout fut "
inutile : il demeura ferme "
fur le parti du Couvent. "
J'obtins feulement, après "
beaucoup de larmes, que "
celui où j'entrerois, feroit "
dans le lieu où Monfieur de "
Barbafan finiroit fa demeu- "
re. "

Nous partîmes le lende- "
main de cette converfa- "
tion. Jour malheureux ! Jour "
funefte pour Monfieur de "
Barbafan & pour moi. Nous "
defcendîmes dans une hô- "
tellerie fi pleine de monde, "

II Partie. X

» qu'à peine pûmes-nous ob-
» tenir une très-petite & très-
» mauvaife chambre. Il n'y a-
» voit qu'un lit ; Monfieur de
» Barbafan , par égard pour
» mon fexe , & auffi à caufe
» de la langueur où j'étois
» encore , voulut que je l'oc-
» cupaffe : je m'en défendis,
» autant que je pus ; mais il
» fallut obéïr.

» Peu de momens après
» que je fus couchée , j'eus
» une efpéce de foibleffe,
» qui obligea Monfieur de
» Barbafan à s'approcher de

mon lit : il avoit pris «
mon bras pour me tâ- «
ter le poux ; je lui retins la «
main , lorfqu'il voulut la «
retirer ; je la ferrai quelque «
tems entre les miennes , «
avec un fentiment fi ten- «
dre , que je ne pus rete- «
nir mes larmes : elles tom- «
boient fur cette main , que «
je tenois ; il en fut appa- «
remment plus touché, qu'il «
ne l'avoit été jufques-là. «

Que vous dirai-je, Ma- «
dame ? Il oublia dans ce «
moment ce qu'il vous de- «

» voit , & j'oubliai ce que je
» me devois à moi-même. Il
» n'eſt guère poſſible , qu'un
» homme de l'âge de Mr. de
» Barbaſan , puiſſe réſiſter aux
» occaſions , ſur-tout quand il
» ſe voit paſſionnément aimé.
»
» Au bout de quelque
» tems, je m'apperçus que j'é-
» tois groſſe ; loin de m'en
» affliger , j'en eus une ex-
» trême joie. Monſieur de
» Barbaſan ne fut pas de mê-
» me ; il en eut , au contrai-
» re , un très-vif chagrin. Peut-
» être mon état lui repréſen-

toit - il plus vivement le "
tort qu'il avoit avec vous, "
& même avec moi. Il ne "
pouvoit oublier qu'il me "
devoit la vie. Mon pere, "
dans la vue d'affurer pour "
toujours un protecteur à "
mon frere & à moi, ne lui "
avoit pas laiffé ignorer, ce "
que nous avions fait pour "
lui : fans doute cette con- "
fidération, plus encore que "
mes larmes, l'engagea à ne "
pas m'abandonner. J'obtins "
que je refterois avec lui juf- "
qu'au tems que je pourrois "

» entrer dans un Couvent.

»　　Nous arrivâmes à Franc-
» fort , où je pris les habits
» de mon sexe : on me fit
» l'honneur de croire que j'é-
» tois sa femme. Cette opi-
» nion me flattoit trop, pour
» ne pas chercher à l'accré-
» diter. Monsieur de Barba-
» san qui ne voyoit person-
» ne , n'en étoit point infor-
» mé. J'avois pris aussi le soin
» d'empêcher mon pere &
» mon frere de nous joindre
» à Francfort , sous le pré-
» texte qu'il falloit attendre

que nous fuſſions à Dreſ- "
-de , où je ſuppoſois que "
nous devions fixer notre "
ſéjour. "

La ſolitude dans laquelle "
nous vivions, quelques a- "
grémens qu'on trouvoit en "
moi, firent penſer que Mon- "
ſieur de Barbaſan étoit très "
amoureux, & même jaloux. "
Ma conduite ne détruiſoit "
pas ces ſoupçons. Je ne le "
quittois preſque jamais. Sa "
triſteſſe qui augmentoit tous "
les jours , lui faiſoit cher- "
cher les promenades les plus "

» solitaires, où je l'y accompa-
» gnois, ou j'allois l'y cher-
» cher ; mais je n'osois trou-
» bler ses rêveries, ni lui en
» marquer ma peine : je crai-
» gnois des reproches, que
» bien souvent il ne pouvoit
» retenir. Je les méritois trop
» pour m'en offenser.

» Je m'en faisois à moi-
» même de bien cruels. Quel
» étoit le fruit de mes trom-
» peries, & de ma folle paf-
» fion ! je m'étois précipitée
» dans un abîme de malheurs,
» & , ce qui est encore au-

deſſus des malheurs, je m'é- "
tois couverte de honte. Les "
nuits entieres étoient em- "
ployées à pleurer. Hélas ! "
aurois-je pû penſer que je "
regreterois un état ſi af- "
freux ? Comment m'imagi- "
ner, que des malheurs, "
mille fois plus grands m'at- "
tendoient encore. "

Un jour, que malgré la "
vue d'une mort prochaine, "
je ne puis encore me de rap- "
peller qu'avec douleur, je "
ſortis pour aller à l'Egliſe. "
Monſieur de Barbaſan y "

„ vint un moment après

„ moi : je crus m'appercevoir

„ qu'il avoit l'air diſtrait , &

„ quelque nouvelle inquié-

„ tude. Je me fis effort pour

„ lui dire quelque bagatelle;

„ il n'y répondit point , &

„ ſortit le premier. Une fem-

„ me de ma connoiſſance

„ m'arrêta quelques momens,

„ & m'empêcha de le ſuivre.

„ Lorſque je rentrai dans la

„ maiſon , j'appris qu'il n'y

„ étoit pas encore revenu : je

„ l'attendis une partie du jour,

„ je le fis chercher & le cher-

chai moi-même, dans tous "
les endroits où il pouvoit "
être, & même dans ceux "
où il n'alloit jamais. Le jour "
& la nuit se passerent, sans "
que j'en apprisse aucune "
nouvelle. "

Grand Dieu ! quel jour & "
quelle nuit ! Mon inquiétu- "
de & mon impatience me "
causoient une douleur pres- "
que aussi sensible, que celle "
que je ressentis en lisant la "
fatale lettre, qu'un incon- "
nu remit le lendemain à "
une femme qui me servoit. "

La voici, me dit Hipolite
en me préfentant cette Lettre, je l'a pris en tremblant,
& j'y lus ces paroles.

LETTRE.

» **L**Es remords, dont je
» fuis déchiré, que je
» n'ai ceffé de fentir, même
» dans les momens où je me
» rendois le plus coupable,
» me forcent de vous aban-
» donner. L'abîme de mal-
» heurs où je vous ai préci-
» pitée, acheve de me ren-
» dre le plus indigne de tous

les hommes : si je vous avois «
montré mon cœur, si vous «
aviez connu la passion dont «
il étoit rempli, si je vous a- «
vois appris par combien de «
liens j'étois attaché à ce que «
j'adore , vous auriez sur- «
monté une malheureuse in- «
clination qui nous a perdus «
tous deux. Adieu , pour «
jamais , je vais dans quel- «
que coin du monde , où «
le souvenir de mon crime «
me rendra aussi misérable «
que je mérite de l'être. «

Quelle révolution cette lettre, & ce que je venois d'entendre produifit en moi ! quelle tendreffe fe reveilla dans mon cœur ! Barbafan fe préfentoit à mon imagination , accablé de douleur pour une faute , qui n'en étoit plus une ; que je ne lui réprochois plus, puifqu'il m'avoit toujours aimée; & quand il eut été le plus coupable de tous les hommes, quel crime un repentir tel que le fien, n'auroit-il pas effacé ? Moi feule, je

reſtois chargée de ſon malheur & du mien.

Cette femme , que j'a-
vois regardée d'abord comme une Rivale odieuſe , de-
vint pour moi un objet at-
tendriſſant. Je plaignois ſon
malheur , j'excuſois ſes foi-
bleſſes, je ſentois même de
l'amitié pour elle ; pouvois-
je la lui réfuſer ? Elle ſembloit n'avoir aimé Barbaſan,
que pour me donner des
preuves , qu'il ne pouvoit
aimer que moi.

J'exhortai à mon tour ,

le Curé de donner tous ses soins pour le soulagement de la malade : je l'assurai des secours dont il auroit besoin. Je me fis apporter cet enfant malheureux : je le considérois avec attendrissement, je sentois qu'il me devenoit cher. Ma tendresse pour le père se tournoit au profit du fils : nul scrupule ne me retenoit, il me sembloit, au contraire, que la simple humanité auroit exigé de moi tout ce que je faisois.

La

La malade me pria de faire emporter cet enfant : je sens, dit-elle en répandant quelques larmes, que c'est m'arracher le cœur ; mais je n'avance que de peu de jours une séparation, que ma mort rendra bientôt néceffaire. Peut-être, ô mon Dieu pourfuivit-elle, daignerez-vous me regarder en pitié ! peut-être que ce facrifice, tout forcé qu'il eft, défarmera votre juftice ! Voilà, dit-elle, en embraffant fon fils, les dernieres marques

II. Partie.   **Y**

que tu recevras de ma tendreſſe : puiſſes - tu être plus
heureux que ton pere ; &
puiſſent les malheurs de ma
vie ſervir à ton inſtruction,
& t'apprendre dans quel
abîme de maux on ſe pré-
cipite, quand on quitte le
chemin de la vertu.

Le Curé ſe chargea de
chercher un lieu, où cet
enfant pût être élevé : je
voulois qu'on n'y épargnât
rien ; mais le ſecret que j'é-
tois obligée de garder, ne
me permit pas de faire tout

ce que j'aurois voulu.

La singularité de cette avanture, le plaisir d'avoir appris, par ma rivale même, que Barbafan m'avoit toujours été fidéle, le spectacle d'une femme mourante, qui ne mouroit que de la douleur d'avoir été abandonnée, & qui ne l'avoit été que pour moi, m'avoient mise dans une situation, où je ne sentis d'abord, que de la tendresse & de la pitié ; mais lorsque rendue à moi-même, je fis réflexion, à ce

Y ij

que je devois à mon mari,
à ce que la reconnoiſſance,
à ce que le devoir, exi-
geoient de moi, je me ſen-
tis accablée de douleur.

Comment ſoutenir la pré-
ſence de ce mari, dont les
bontés, dont la confiance,
me reprocheroient dans
tous les inſtans ce que j'a-
vois dans le cœur? Comment
recevrois-je des témoignages d'une eſtime, dont je
n'étois plus digne? Com-
ment répondrois - je aux
marques d'une paſſion que

je payois si mal? Les idées
dont j'avois le cœur & la
tête remplis, m'occupoient
le jour & la nuit. J'avois
promis de ne rester qu'un
jour ou deux à Paris ; mais
il me falloit plus de tems,
pour me rendre maîtresse
de mon extérieur.

Eugénie, à qui j'allai conter ce qui venoit de m'arriver, lut dans mon cœur, à
travers toutes mes douleurs,
une joie secrette, que me
donnoit la fidélité de Barbasan. Voilà votre véritable

malheur, me difoit-elle,
vous ne combattrez que
foiblement des fentimens,
auxquels il femble que votre devoir feul met obftacle; il faut cependant en
triompher, & votre repos
l'exige autant que votre devoir. Quoique l'offenfe que
vous feriez à votre mari,
fut renfermée dans le fond
de votre cœur; elle n'en
feroit pas moins une offenfe, & vous ne devriez pas
moins vous la reprocher: il
faut même, pourfuivit-elle,

vous précautionner pour
l'avenir : Mr. de Barbaſan
peut reparoître en ce pays-
ci ; il peut chercher à vous
voir : Ah ! m'écriai-je, je ne
ſerai pas aſſez heureuſe pour
être dans le cas de l'éviter :
il aura trouvé la mort qu'il
alloit chercher ; & vous
voulez m'ôter la triſte conſolation de le pleurer.

Mes larmes, qui couloient
en abondance, ne me per-
mirent pas d'en dire davan-
tage : Eugénie, à qui je
faiſois pitié, étoit prête d'en

répandre ; mais fon amitié
toujours fage, ne lui laiffoit
pour ma foibleffe, que des
inftans d'indulgence : elle
me preffa d'aller trouver
mon mari ; fa préfence,
dit-elle, vous foutiendra.
J'avois de la peine à fuivre
ce confeil ; mais Eugénie
l'emporta, & me fit partir.
J'étois fi changée, que Mr.
d'Hacqueville me crut ma-
lade ; fes foins, fes tendref-
fes, fes inquiétudes, redou-
bloient ma peine ; j'éprou-
vois ce que j'avois déja é-
prouvé

prouvé dans le commencement de mon mariage, qu'il n'est point d'état plus difficile à soutenir, que celui, où l'on est mal avec soi-même.

La mort d'Hippolite que j'appris quelques jours après, me coûta encore des larmes. Hélas! pourquoi la pleurois-je! son sort étoit préférable au mien : elle ne sentoit plus l'affreux malheur de n'avoir point été aimée ; & je n'osois sentir le plaisir de l'être. Quelle contrainte ! lorfque j'étois feule avec mon mari , je ne trouvois plus rien à lui dire : il m'étoit également impoffible de diffimuler ma trifteffe & de cacher mon embarras , lorfqu'il m'en demandoit la caufe.

Après plufieurs mois paffés de cette forte, où je n'avois eu de confolation, que d'aller de tems en tems prodiguer mes careffes au fils de Barbafan, j'appris un matin, que Mr. d'Hacqueville étoit parti dès la pointe du jour, pour aller à une terre qu'il avoit dans le fond de la Gascogne.

Ce départ si prompt, dont il ne m'avoit point parlé, auroit dû me donner de l'inquiétude; j'aurois pu même m'appercevoir, depuis quelque tems, que mon Mari n'étoit plus le même pour moi; mais ce que j'avois dans la tête & dans le cœur, me déroboit la vûe de tout ce qui ne tenoit pas à cet objet dominant. Je crus donc ce

qu'on vint me dire, que
Mr. d'Hacqueville, fur des
nouvelles qu'il avoit reçûes,
avoit été obligé de partir
fur le champ. Comme on
m'affuroit, que je recevrois
bientôt des lettres, je les
attendis, pendant dix ou
douze jours ; elles ne vin-
rent point ; ce long filence
n'étoit pas naturel ; je ne
me diffimulai pas, que j'é-
tois en quelque forte coupable.

Eugénie à qui j'allai porter cette nouvelle inquié-

tude, approuva la réfolu-
tion que j'avois prife, d'aller joindre mon mari, fans
attendre qu'il m'en eût donné la permiffion, fans même
la lui demander : je le trouvai dans fon lit avec la fiévre ; elle paroiffoit fi me-
diocre, que je n'aurois pas
dû en être allarmée, je le fus
cependant beaucoup ; quelque chofe me difoit, que
j'avois part à fon mal, &
la façon dont je fus reçûe,
ne me le confirma que trop.
Au lieu de ces empreffemens

auxquels j'étois accoûtumée, je ne trouvai qu'un froid méprifant ; à peine pus-je obtenir un regard, & fe démêlant de mes bras, lorfque je voulus l'embraffer, épargnez-vous, me dit-il, toutes ces contraintes, ou plûtôt tous ces artifices, je ne puis plus y être trompé.

Quoi, Monfieur, m'écriai-je ! vous m'accufez d'artifice ? Eh! par laquelle de mes actions ai-je pu m'attirer un reproche fi fen-

fible, fi amer? Ne me de-
mandez point, me dit-il,
un éclairciffement inutile,
& honteux pour l'un &
pour l'autre. Non, non, m'é-
criai-je encore, il faut me
dire mon crime, ou me
rendre une eftime, fans laquelle je ne puis vivre.

Vous l'auriez confervée,
reprit-il, fi vous aviez eu
pour moi, la fincérité, que
je vous avois demandée;
elle vous auroit tenu lieu
d'innocence; loin de vous
reprocher vos foibleffes;

j'aurois mis tous mes soins
à vous en consoler, à vous
les faire oublier ; mais vous
ne m'avez pas assez estimé,
pour me croire capable d'un
procédé généreux : il vous
a paru plus sûr de me tromper ; & vous n'avez pas même daigné prendre les pré-
cautions nécessaires pour y
réussir.

J'étois si étonnée, si troublée de ce que j'entendois,
que Mr. d'Hacqueville eut
le tems de me dire tout ce
que son ressentiment lui

inspiroit, avant que j'eusse
la force de répondre; j'é-
tois cependant bien éloi-
gnée de comprendre; que
l'on me croyoit mere du
fils de Barbasan. Ce que je
ressentis, lorsqu'enfin je fus
instruite de mon prétendu
crime, ne se peut exprimer.
Toutes mes douleurs passées
étoient foibles, au prix de
celle-là : on n'a point dé
courage contre un malheur
de cette espéce, ou l'on
feroit peu sensible à l'honneur, si on avoit la force

d'en faire usage.

Mes larmes furent long-
tems ma seule défense ;
quoi ! dis-je d'un ton, qui,
à travers le désespoir, marquoit ma surprise & mon
indignation ; Vous accu-
sez votre femme d'un
crime honteux ? Vous la
réduisez à la nécessité de
se justifier ? Vous lui faites
subir cette humiliation ? ah !
poursuivis-je, vous serez
pleinement éclairci. Mr. le
Curé de Saint Paul vous
apprendra de quelle façon

j'ai eu connoiſſance de ce
malheureux enfant. Me di-
ra-t-il auſſi, dit Mr. d'Hacqueville avec un ſouris a-
mer, par quel hazard cet
enfant reſſemble à votre
amant ? Je ne devrois, dis-
je, reconnoître perſonne à
ce titre ; je vous l'ai avoué,
j'ai eu de l'inclination, même de la tendreſſe pour un
homme, que j'en ai crû
digne ; mais ſi je me ſuis
ſouvenue de lui, depuis que
mon devoir m'a fait une loi
de l'oublier, j'en étois pu-

nie & vous en étiez vengé,
par les reproches, que je
m'en faisois : tout autre enfant que le sien, auroit dans
des circonstances pareilles
obtenu mon secours ; c'est
des mains de sa mere, &
de sa mere mourante, que
je l'ai reçu ; mais ce n'est
point moi, que vous en
devez croire : mon hon-
neur demande un éclair-
cissement, qui ne laisse aucun doute ; peut-être alors
aurez-vous quelque regret
de la douleur que vous me
causez.

La vérité a des droits
qu'elle ne perd jamais en-
tiérement ; quelque prévenu que fût Mr. d'Hacque-
ville, elle fit fur lui fon
impreffion. Je me croyois,
dit-il, plus fort contre vous :
finiffons, de grace, une converfation, que je ne fuis plus
en état de foutenir. Ses gens
qu'il avoit appellés entre-
rent dans le moment ; il me
dit devant eux, qu'il avoit
befoin de repos ; qu'il me
prioit d'aller dans l'appartement qui m'étoit deftiné ;

mon inquiétude ne me per-
mit pas d'y demeurer ; je
revins paſſer la nuit dans ſa
chambre , & je ne le quittai
plus.

La fiévre augmenta con-
ſidérablement dès cette nuit
là , & le cinquiéme jour de
mon arrivée elle fut ſi vio-
lente , que l'on commen-
ça à deſeſperer de ſa vie.
Mr. d'Hacqueville connut
ſon état plûtôt que les Mé-
decins : loin d'en être allar-
mé , la vue du péril lui donna une tranquilité , & un

repos dont il avoit été bien
éloigné jufques - là : je ne
voiois que trop, que ce repos & cette tranquilité é-
toient l'effet de la plus affreufe douleur , & mon
cœur en étoit déchiré.
Quel reproche ne me fai-
fois-je pas, de l'impruden-
ce de ma conduite ! J'au-
rois évité le malheur où je
touchois, fi je n'avois point
caché ma derniere avantu-
re. L'amitié, que malgré ma
malheureufe inclination ,
j'avois reffentie pour mon

mari, se réveilloit dans mon cœur : je ne pouvois penser que j'allois le perdre, sans être pénétrée de douleur. J'étois sans cesse baignée dans mes larmes ; la nécessité de les lui cacher, m'obligeoit , malgré moi, de m'éloigner de tems en tems du chevet de son lit.

J'étois retirée dans un cabinet qui touchoit à sa chambre, lorsqu'il demanda à me parler. La mort, me dit-il, lorsqu'il me vit seule auprès de lui, va nous separer féparer ; elle fera ce que je n'aurois peut-être jamais eu la force d'exécuter. Ah ! m'écriai-je, en verfant un torrent de larmes, que me faites-vous envifager ? Le comble de la honte & du malheur. Eft-il poffible, que je vous fois devenue fi odieufe ? C'eft par un fentiment tout contraire, reprit-il, que j'aurois dû vous affranchir du malheur de vivre avec un mari, que vous n'avez pû aimer, & qui vous a mife en droit de

II. Partie A a

le haïr. Innocente ou coupable, les offenfes que je vous ai faites, font de celles que l'on ne pardonne jamais.

L'état où vous me voyez, lui dis-je, répond pour moi: je racheterois votre vie de la mienne propre. Qu'en ferois-je, reprit-il ? elle ne feroit qu'une fource de peines. Ma fatale curiofité m'a ôté l'illufion, qui me rendoit heureux. J'ai vû par moi-même votre tendreffe pour cet enfant. Je n'ai rien

ignoré de ce que vous avez
fait pour lui : je vous ai foup-
çonnée. Que fçai-je , fi je
ne vous foupçonnerois pas
encore ? Que fçai je , fi vous
pourriez vous juſtifier pleinement , & quelle feroit la
deſtinée de l'un & de l'autre ? Toujours en proie à
mon amour & à ma jaloufie,
je finirois peut-être par ce
que j'ai craint le plus , par
être votre tyran. Adieu ,
Madame , continua-t-il ; je
fens que ma fin s'appro-
che. Par pitié , ne me mon-

trez point vos larmes ; &
laiſſez-moi mourir ſans foibleſſe.

Il ſe tourna, en pronon-
çant ces paroles, de l'autre
côté de ſon lit ; & quelque
effort que je fiſſe, il ne me
voulut plus entendre : ſa
tête , qui avoit été libre
juſqu'alors, s'embarraſſa, dès
la même nuit; la connoiſſance ne lui revint plus , & il
expira dans mes bras.

Ma douleur étoit telle ,
que l'horreur du ſpectacle
ne trouvoit rien à y ajou-

ter. Je perdois un mari, le plus honnête homme du monde, qui m'avoit adorée ; à qui je devois toutes sortes de reconnoissance ; que je regardois comme mon ami, pour qui javois la plus tendre amitié ; & c'étoit moi, qui causois sa mort, c'étoit moi qui lui avois enfoncé un poignard dans le sein.

Il y a des douleurs, qui portent avec elles, une sorte de douceur ; mais il faut, pour cela, n'avoir à pleurer que ce qu'on aime,

& n'avoir pas à pleurer ſes propres fautes. J'étois dans un cas bien différent. Tous mes ſouvenirs m'accabloient : je ne pouvois ſupporter la vue de moi-même ; & je ne pouvois me réſoudre à me montrer dans le monde : il me ſembloit, que mes avantures étoient écrites ſur mon front. Je ne m'occupois que de la perte que j'avois faite. Barbaſan, même, ne me faiſoit aucune diſtraction.

Je ne penſai à lui dans les premiers momens, que pour m'affermir dans la réſolution d'y renoncer pour toujours. Je trouvois que je devois ce ſacrifice à la mémoire de mon mari ; mais ce n'eſt pas de la ſolitude qu'il faut attendre un remede contre l'amour. Ma paſſion ſe réveilla inſenſiblement, la mélancolie où j'étois plongée y contribua encore. Mes rêves ſe ſentoient de la noirceur de mes idées. Barbaſan y étoit toujours

mêlé : j'en fis un , où je crus
le voir tomber à mes pieds
tout couvert de fang ; &
lorfque je voulus lui parler,
il ne me répondit que ces
mots , vous vous êtes donnée à un autre.

Quelle impreffion ce rê-
ve fit-il dans mon cœur ! je
crus qu'il m'annoçoit la
mort de Barbafan , & je
crus qu'il étoit mort , plein
de reffentiment contre moi.
J'allois porter cette nouvelle matiere de douleur,
peut-être la plus accablan-
te

te de toutes, dans un bois
de haute-futaye, qui faifoit
ma promenade ordinaire.
La folitude & le filence
qui y regnoient, y répan-
doient une certaine horreur
conforme à l'état de mon
ame : je m'accoutumai in-
fenfiblement à y paffer les
journées prefque entieres :
Mes gens m'avoient vaine-
ment repréfenté qu'il étoit
rempli de fangliers ; qu'il
pouvoit m'y arriver quel-
que accident. Les exem-
ples qu'on me citoit, de

II. Partie.　　Bb

ceux qui y étoient déja ar-
rivés, ne pouvoient m'inf-
pirer de la crainte. Je trouvois que ces fortes de malheurs n'étoient pas faits
pour moi ; & puis, qu'a-
vois-je à perdre ? Une malheureufe vie, dont je fou-
haitois à tout moment la
fin.

J'étois reftée un foir dans
la forêt encore plus tard
qu'à l'ordinaire. Dans le
plus fort de ma rêverie,
je me fentis tout d'un coup
faifie par un homme, qui

malgré mes cris & mes ef-
forts m'emportoit , quand
un autre sorti du plus épais
du bois, vint à lui l'épée à
la main : je profitai de la
liberté que leur combat me
donnoit, pour fuir de toute
ma force : mes gens , que
mes cris avoient appellés ,
coururent au secours de
mon Défenseur. J'étois si
troublée , & si éperdue ,
qu'on fut obligé de me
mettre au lit, dès que je fus
arrivée.

Peu de tems après , j'ap-

pris que celui qui m'avoit
fecourue, avoit bleffé à
mort l'homme qui vouloit
m'enlever; mais qu'il l'a-
voit été lui-même d'un coup
de piftolet, par un autre
homme venu au fecours du
premier: que mon Défen-
feur avoir eu affez de force pour aller fur cet homme, qu'il lui avoit paffé fon
épée au travers du corps,
& l'avoit laiffé mort fur la
place: que ceux qui gar-
doient, à quelque diftance
de-là, des chevaux & une

chaife , apparemment def-
tinée pour moi , avoient
pris la fuite.

J'ordonnai qu'on portât
au Château mon Défen-
feur , & je fis en même-
tems monter à cheval plu-
fieurs perfonnes, pour aller
chercher les fecours dont
il avoit befoin. Mon hom-
me d'affaires , par humanité , & dans la vue de tirer
quelque éclairciffement, fur
les auteurs de cette violence, y fit porter en même
tems l'autre bleffé , & cet

te précaution ne fut pas inutile.

Cet homme, à qui les approches de la mort faisoient sentir l'énormité de son crime, apprit à mon homme d'affaires, que le Duc de N...., mon Beau-pere, étoit l'auteur de cet enlevement ; que son dessein étoit de me conduire dans un vieux Château, qui lui appartenoit, situé dans les montagnes du Gevaudan ; que les biens considérables que l'on m'avoit reconnus,

quand je m'étois mariée,
lui avoient fait naître le
deſſein de s'en rendre maître ; & que pour y parvenir,
il avoit voulu s'aſſurer de
ma perſonne , pour m'o-
bliger , le poignard ſur la
gorge , de faire une dona-
tion à mon frere. Cet homme ajouta , que mon Beau-
pere ne m'eût pas laiſſé le
tems de révoquer ce que
j'aurois fait ; mais que je
n'avois plus rien à craindre ;
& que c'étoit lui , qui avoit
été tué par celui qui m'a-
voit ſecourue.　　Bb iiij

Mon homme d'affaires,
qui me rendit compte de
ce qu'il venoit d'appren-
dre, me glaça d'effroi. Le
péril que j'avois couru,
augmentoit encore ma re-
connoissance, & mon in-
quiétude pour mon Défen-
seur : j'en demandois des
nouvelles à tous momens.
Mes Gens, qui voyoient que
j'avois besoin de repos, me
cacherent le plus long-
tems qu'il leur fut possible,
le malheureux état où il
étoit : la connoissance ne

lui revint que lorfqu'on
eut fondé fes bleffures : il
voulut fçavoir fon état, &
le demanda de façon, que
les Chirurgiens furent con-
traints de lui avouer qu'il
n'avoit pas vingt - quatre
heures à vivre. Un homme,
que l'on jugea fon valet de
chambre, vint dans la nuit;
dès qu'il le vit, il pria qu'on
les laiffât feuls.

Ce ne fut que le lende-
main, qu'on m'annonça ces
affligeantes nouvelles , &
peu d'heures après on m'ap-

prit qu'il alloit expirer. On
pense aisément à quel point
je fus touchée de la mort
de quelqu'un , à qui je devois la vie. J'étois encore
dans le saisissement, quand
on me dit que l'homme qui
avoit passé la nuit auprès de
lui, demandoit à me voir : *il*
s'approcha de mon lit, &
voulut mě présenter une
lettre qu'il tenoit ; mais je
n'étois pas en état de la recevoir. J'eus à peine jetté
les yeux sur lui, que je per-
dis toute connoissance :

elle ne me revint qu'après plusieurs heures ; & ce ne fut que pour quelques momens : je passai de cette sorte tout le jour & toute la nuit.

Dès que je pus parler, je demandai à revoir cet homme ; malgré les effets qu'on en craignoit, on fut contraint de m'obéir ; ce fut alors qu'il me remit la Lettre que voici.

LETTRE.

Daignerez-vous, Ma- « dame, reconnoître le « caractere de ce malheureux, «

„ que vous devez regarder

„ comme le plus coupable &

„ le plus perfide de tous les

„ hommes? Hélas! Madame, je

„ me suis peut - être jugé plus

„ rigoureusement que vous

„ ne m'auriez jugé vous-mê-

„ me. Mon repentir & ma

„ douleur m'ont fait un sup-

„ plice de tous les instans de

„ ma vie. Je me suis cru in-

„ digne de porter à vos pieds

„ ce repentir & cette dou-

„ leur, & ce n'est que dans

„ ce moment, où je n'ai plus

„ que quelques heures à vivre,

que j'ofe vous dire , que "
tout criminel que je fuis , "
je n'ai jamais ceffé un mo- "
ment de vous adorer. Je "
ne ferai plus , Madame , "
quand vous recevrez cette "
Lettre. Si vous vous reffou- "
venez quelquefois du mifé- "
rable Barbafan , fouvenez- "
vous auffi quel a été fon "
repentir. "

A peine pouvois-je dif-
cerner les caracteres au travers des pleurs , dont mes
yeux étoient remplis : il eft

mort ! m'écriai - je , après
l'avoir lue , je ne le verrai
plus ! je ne pourrai jamais
lui dire , que je l'ai toujours
aimé ! pourquoi m'á-t il fau-
vé la vie ? Que je ferois heureufe , fi je l'avois perdue !

Beauvais , car c'étoit ce
fidéle domeftique , pleuroit
avec moi : fa douleur me
le rendoit néceffaire ; je ne
voulois voir que lui : je paf-
fois les jours & les nuits à
lui parler de Barbafan , &
à m'en faire parler. Je l'o-
bligeois de me dire ce qu'il

m'avoit déja dit mille fois.

Il me conta, qu'il avoit été joindre son Maître à Francfort, qu'il l'avoit trouvé plongé dans la plus profonde tristesse ; qu'autorisé par ses longs services, il avoit pris la liberté de lui en demander la cause plusieurs fois, & long - tems sans succès ; qu'enfin Barbasan accablé de ses peines, n'avoit pû se refuser la consolation de les lui dire.

Beauvais me repéta alors ce que je sçavois de la fille

du Geolier : il ajouta , que
Barbafan m'avoit vûe dans
une Eglife ; qu'il avoit été
d'abord fort éloigné de
penfer que ce fût moi ; mais
que la feule reffemblance
lui avoit fait une impreffion fi vive , & avoit augmenté fes remords de telle
forte , qu'il ne lui avoit plus
été poffible de fupporter la
vue d'Hippolite ; qu'il avoit
été fe refugier chez un Fran-
çois de fa connoiffance ;
& que preffé par fon inquiétude , il avoit envoyé Beauvais

vais s'informer de cet
Etranger.

Beauvais, après plusieurs
recherches inutiles , avoit
enfin découvert par hazard
la femme chez qui j'a-
vois logé. Les détails qu'il
apprit d'elle , éclairci-
rent pleinement Barbasan :
cette nouvelle marque de
ma tendresse si singuliere ,
si extraordinaire , augmenta
sa confusion & son desef-
poir à un tel point , qu'il
étoit prêt d'attenter sur sa
vie : il vouloit me suivre ;

II. Partie. Cc

il vouloit s'aller jetter à mes
pieds : il trouvoit enfuite
qu'il n'étoit digne d'aucune grace. Que lui dirai-je,
difoit-il ? que tandis qu'elle
faifoit tout pour moi, je la
trahiffois d'une maniere fi
indigne : m'en croira-t-elle,
quand je lui protefterai que
je l'ai toujours adorée ?

Enfin , après bien des
irréfolutions ; le defir de
me voir l'emporta : il
fe mit en chemin , bien
réfolu de me fuivre en
France : loin qu'il fût

arrêté par le péril qu'il y avoit pour lui d'y paroître, il y trouvoit au contraire de la satisfaction : c'étoit du moins me donner une preuve du prix dont j'étois à ses yeux : il suivit la route, que j'avois prise : sa diligence étoit si grande, que malgré l'avance que j'avois sur lui, il m'auroit jointe infailliblement, sans l'accident qui le retint.

Le Gouverneur de Philisbourg venoit de recevoir ordre d'arrêter un homme

de grande importance , qui
avoit quitté le service de
l'Empereur pour passer dans
celui de France. Les ins-
tances que Barbasan fit à la
Poste pour avoir des che-
vaux , & plus encore sa
bonne mine , firent soup-
çonner qu'il étoit celui que
cet ordre regardoit. On
l'arrêta , & on le conduisit
chez le Gouverneur , hom-
me exact & incapable de
se relâcher sur ses devoirs.
Tout ce que Barbasan put
lui dire , fut inutile ; il l'en-

voya prisonnier à la Cita-
delle.

Il y fut retenu pendant
plus d'une année, & il n'en
sortit que quand la place
fut prise par le Maréchal
d'Estrées.

Barbasan en étoit con-
nu, & en étoit particuliére-
ment estimé. Le Maréchal
lui conseilla de passer au
service du Roi de Suéde.
Mon mariage qu'il apprit
dans le même tems, le dé-
termina à prendre un parti,
où il espéroit de trouver la

fin de ſes maux. Il fit en
cherchant la mort des ac-
tions ſi héroïques, que le
Roi de Suéde crut ne pou-
voir trop le recompenſer;
mais il refuſa conſtamment
tout ce qu'on lui offrit, &
ne voulut point ſortir de
l'état de ſimple volontaire.

Beauvais me dit encore
que Barbaſan toujours plein
de ſon amour & de ſa dou-
leur, étoit revenu en France, ſans autre projet, ſans
autre eſpérance que de me
voir, ne fût-ce même que

de loin ; qu'il étoit arrivé
à Paris précisément dans le
tems que j'en étois partie,
pour aller joindre mon mari en Gascogne ; que per-
suadé de la part que le
Commandeur de Piennes &
Eugénie avoient à mon ma-
riage, il n'avoit voulu les
voir ni l'un ni l'autre ; mais
que sans leurs secours, il
avoit été instruit de tout ce
qu'il avoit intérêt de sça-
voir ; qu'il n'avoit pas hé-
sité de me suivre en Gascogne , qu'il s'étoit arrêté à

Marmande , petite Ville ,
à un quart de lieu de la
terre où j'étois , & que
c'étoit-là qu'il avoit appris
la mort de mon mari , &
mon extrême affliction; que
comme je ne fortois point
du Château , il avoit cherché à s'y introduire , & qu'il
m'avoit vûe plufieurs fois
pendant la Meſſe, dans la
Chapelle du Château , &
toujours avec un nouveau
faifiſſement ; que lorſque je
commençai à aller dans la
forêt, il quitta Marmande,

&

& vint fe loger dans une
petite maifon, attenante de
cette même forêt ; qu'inftruit par fon Hôte du péril
où j'étois expofée , il me
fuivoit avec encore plus de
foin ; que l'épaiffeur du bois
lui donnoit toute forte de
facilité de fe cacher ; qu'il
fut cent fois au moment
de fe jetter à mes pieds ,
d'obtenir fon pardon ou de
fe donner la mort ; mais que
les larmes qu'il me voyoit
répandre , & qu'il croyoit
que je donnois au feul fou-

II. Partie.   D d

venir de Monsieur d'Hac-
queville , le retenoient &
lui faisoient éprouver en
même - tems ce que la ja-
lousie a de plus cruel; qu'enfin ce jour fatal , ce jour
qui devoit mettre le com-
ble à toutes les infortunes
de ma vie, le malheureux
Barbasan qui ne pouvoit
plus soutenir l'excès de son
desespoir , s'avançoit vers
moi, lorsqu'il entendit mes
cris , & qu'il vit le péril
où j'étois.

Ce récit que me faisoit

Beauvais, me perçoit le cœur, & c'étoit pourtant la feule chofe que j'étois capable d'entendre.

Le corps de Barbafan avoit été mis, par mon ordre, dans un cercueil de plomb ; j'allois l'arrofer de mes larmes. Je nouriffois ma douleur de l'efpérance, que du moins un jour la même terre nous couvriroit tous deux.

J'aurois paffé le refte de ma vie dans cette trifte occupation, fi le Commandeur de Piennes n'étoit venu m'arracher de ce lieu. Ses priéres & fes inftances euffent cependant été inutiles, fi le defir de revoir cet enfant , que la mort de fon pere m'avoit rendu mille fois plus cher , & qui étoit devenu mon unique bien , ne m'avoit rappellée à Paris. Je trouvai que la mort du Duc de N..... y étoit déja oubliée. Sa famille, qui avoit voulu cacher la honte de mon avanture , avoit pris foin de pu

blier qu'il étoit mort d'a-
poplexie dans ses terres de
Gevaudan.

J'allai m'enfermer avec
ma chere Eugénie, & sans
m'engager par des Vœux,
je renonçai au monde pour
jamais. Mes malheurs m'ont
fourni, pendant un grand
nombre d'années, assez
d'occupation pour vivre
dans la solitude. Le tems a
enfin un peu affoibli la
vivacité du sentiment, mais
il m'est resté un fond de
tristesse & de mélancolie,

qui m'accompagnera juf-
qu'à mon dernier moment.
La fortune de ce malheu-
heureux enfant eſt la feule choſe, qui a pû faire quelque diſtraction à ma dou-
leur. Je l'ai mis de bonne-
heure dans les troupes, il
y jouit d'une réputation
brillante. Il eſt actuelle-
ment dans les premiers
grades. J'ai cru devoir lui
laiſſer toujours ignorer ce
qu'il eſt. Il ne ſçait pas même d'où lui vient le bien
qu'il reçoit : j'ai mieux ai-

mé renoncer à sa recon-
noissance, que de lui donner la mortification de se
connoître.

FIN.